# 朋友们

何弘 著

“深扎”文丛

PENGYOU MEN

# 朋友们

## ——中原文人谱

何弘　著

河南大学出版社
HENAN UNIVERSITY PRESS
·郑州·

**图书在版编目(CIP)数据**

朋友们:中原文人谱/何弘著.—郑州:河南大学出版社,2018.4

(“深扎”文丛)

ISBN 978-7-5649-3319-7

Ⅰ.①朋… Ⅱ.①何… Ⅲ.①文化—名人—生平事迹—河南—现代 Ⅳ.①K825.4

中国版本图书馆 CIP 数据核字(2018)第 088135 号

**项目总策划** 侯若愚
**责任编辑** 侯若愚 王 珂
**责任校对** 任湘蕊
**封面设计** 侯一言
**出版发行** 河南大学出版社
地址:郑州市郑东新区商务外环中华大厦 2401 号 邮编:450046
电话:0371-86059701(营销部) 网址:www.hupress.com
**排　　版** 河南大学出版社设计排版部
**印　　刷** 河南瑞之光印刷股份有限公司
**版　　次** 2019 年 3 月第 1 版 **印　　次** 2019 年 3 月第 1 次印刷
**开　　本** 889mm×1194mm 1/32 **印　　张** 8.375
**字　　数** 203 千字 **定　　价** 42.00 元

# 序

人生苦短。总觉得生活还没有开始，转眼已年过半百。

1988年夏，我21岁大学毕业，从天津回到河南，在文联工作将满30年了。中国有句俗话："树挪死，人挪活。"在一个单位不动窝工作30年，说好听的，是对单位忠诚，对事业执着。这话翻译成现代汉语，大意就是死心眼，没本事。而我竟还是一个一直抱着文学评论不放的人。

别人想说什么，就让人家说吧。在搞评论的30年里，写了不少文章，但大都四平八稳，以作品论居多，也有些作家论和理论文章。近年来，也应约写了些作家的印象记、随感等，有些我觉得还有些意思，但梳理了一下，这样的文章并不多。

中原作家群在全国影响巨大，河南的书法家、画家等在全国也都有一定的地位。在30年的工作过程中，我与很多作家、书法家、画家、音乐家等成了朋友，并为其中一些人写下了些文字。但仔细筛选的时候，还是发现有很多关系非常好的朋友，我竟没有为他们写下一篇文章，真真让人内心不安。

收录在这个集子中的，基本都算是我的朋友吧，他们都是生活在河南或河南籍的作家、艺术家，也就是文人吧。我走过了50年的岁月，这本集子所收正好也是50个人。既然50人都算是朋友，就不考虑成就地位，以"逝者为大，年长为尊"的原则排列。但也并不绝对，不少朋友的准确年龄也搞不太清楚，我也懒得再费力去核对。排得靠前,是年长为尊,排得靠后,是年轻有为,都不错。大概就是这么个意思。

写这么几句,作为说明,也算是个序吧。

何弘

2018年2月1日

# 目　录

# 乔典运:老乔和西峡

2017 年,距离乔典运老师离开我们整整 20 年了。

年初,乔典运老师家乡西峡县的有关领导就多次到郑州来,想在乔典运老师逝世 20 周年的时候,举办西峡文化大县高峰论坛暨乔典运作品研讨会,由河南省文学院牵头主办。

乔典运老师是短篇小说写作的圣手,是河南新时期文学的一张名片,是河南文学的骄傲,给中原作家群带来了极大的荣誉。

成名之后,乔典运老师并没有选择到大城市生活,而是一直生活在西峡,始终和农民打成一片。正因如此,他才能在作品中深刻地反映基层的政治和经济状况,揭示农民的心态和生存状况,使作品具有浓厚的乡村政治寓言、文化寓言的意味。乔典运的创作继承了鲁迅开创的伟大文学传统,对国民灵魂做了深入的剖析。他以短篇小说名世,他的作品写的都是发生在当下农村的平凡事件,但读来却能给人带来深刻的启示,让读者由此认识中国农村的社会现实,透视中国农民的生活伦理和内在心理,从而更好地认识自己,认识民族的内在性格。因此可以说,乔典运是中国新时期作家中对农村理解最为透彻的一位,是名副其实的农民哲学家。乔典运长期植根农村生活,创作出了一篇篇不朽的名作,是深入生活、扎根人民的典范和表率。

乔典运作品的量并不大,但他对河南文学、中国文学的贡献是巨大的。也正因此，河南文学界的人至今都还记得乔典运，大家都亲切地称这位令人尊敬的作家为“老乔”，并且时不时地谈到他。

我与老乔最后一次见面是在他生病之后。那时，他因患癌症已经接受了多次治疗，但在身体允许时他还会参加一些文学活动。那次我回南阳参加蓝建堂曲艺作品研讨会，正好和他坐在一起，会议中间，我看到他拿着一本《金刚经》在读。恰好，我上大学时上过佛典选读这门课，读的第一部佛经就是这部《金刚般若波罗蜜经》，我对佛教的理解也始于此。于是，我给他背了一大段《金刚经》。他听了微笑着点头表示赞许。遗憾的是，这是我最后一次与他见面。然后就是河南省文学院做大厅雕塑和河南文学史展览时，为做他的青铜浮雕和展板收集资料、撰写文字。文学院大厅的北墙为 12 位现当代已故的河南文学大家塑了青铜浮雕，其中逝世最晚的就是老乔和之后的李凖。当时大家还开玩笑说，老乔和李凖死得是时候，一下子就不朽了，以后再死的就没这机会了，想上墙就不容易了。

再往后，到了 2016 年，《乔典运文集》将要出版的时候，冯杰找到我，让我为文集的出版写两句话，我拟了一联，算是对老乔的怀念：“事小可显民族精神，故成其大；文短能透国人灵魂，遂见之深。”

大家对老乔的怀念，固然缘于其突出的创作成就，还有很大一部分原因，在于其对年轻作家不遗余力地培养。这么多年来，南阳作家群能成为在全国文坛一个引人注目的存在，乔典运老师是立了大功的。现在，西峡县想纪念乔典运，想以此推动西峡文化大县的建设，我当然非常支持，并愿意为此尽一份心力。

于是，5 月 4 日，我约请一批文学名家来到了西峡。

西峡地处秦头楚尾豫鄂陕三省交汇处，属伏牛山区，自然风光优美，地域文化独特、历史文化底蕴深厚。这些年来，西峡的经济发展取得了巨大成就,在南阳、在河南都是响当当的经济强县。更为难得的是,西峡的经济发展没有走以牺牲资源和环境为代价的粗放型发展道路,在经济快速发展的同时,生态环境不仅没有遭到破坏,反而日益变好。作为南水北调中线水源地,西峡县的发展为包括首都北京在内的中国北方几省市的用水安全做出了贡献,而且某种程度上说,也为中国的经济转型、为生态友好型经济发展做了十分有意义的探索,积累了宝贵的经验。

西峡是一个山区县,山是伏牛山。"伏牛"听起来透着厚朴与谦逊,其实是"卧龙"的。西峡位于秦岭山脉东段、伏牛山南麓,正好在中国地理南北分界线上。而在中国地理的三大阶梯中,西峡又处在第二阶梯到第三阶梯的分界线上。独特的地理位置造就了西峡自然景观的多样性和生物的多样性,远古时代这里就是恐龙繁衍生息的乐园,并形成了大量的恐龙蛋化石,成就了今天丹水镇的恐龙遗迹园。自然景观以老界岭自然保护区为代表,是兼具南秀北雄等自然景观为一体的代表性景区,风光优美,植被茂密,是旅游观光和休闲度假的好去处。

独特的地理位置造就的不只是自然和生物的多样性,同样造就的还有文化的多样性。这里南与湖北相接,西与陕西相连,是中原文化与楚文化、秦文化的交汇之地。文化的交流、交融,保证了这里文化旺盛的生命活力,使这里一代代名人辈出。远的不说,只说近的,只说文学。在老乔的带领下,西峡相继涌现出廖华歌、王俊义、韩向阳等在全省、全国都有相当影响的作家,成为南阳作家群的中坚。这是西峡在自然资源之外另一宝贵的资源。

这些年来,西峡在经济、政治、社会、生态等方面建设都取得巨大成绩的同时,在文化建设方面进一步发力,很多做法特别令人敬佩。文化建设的核心要义,在于维护社会共同信守的正确价值观,成为全社会共同的行为依据和精神方向。今天中国社会出现的很多问题从根本上说就在于信仰的缺失和价值观的失范。构建社会主义核心价值观正是要从根本上解决这些问题。如何构建、践行社会主义核心价值观？西峡县开展了“传家风家训、树公德美德、争先锋先进、做好人好事”的“传树争做”活动，就是把践行社会主义核心价值观落到了具体的日常活动中，有了现实的抓手，这是极有远见的做法。

进行文化建设，需要对文化资源进行充分的挖掘和运用。文学就是西峡一份宝贵的文化资源，老乔就是西峡一张闪光的文化名片。建设乔典运文学馆、设立乔典运文学奖，以此为抓手、为平台，西峡的文学事业一定会繁荣兴旺，一定会成为河南一个重要的文学活动中心，进而促进西峡文化的大发展、大繁荣。如此，西峡的文化大县建设一定会成效卓著，老乔的在天之灵一定会非常欣慰。

# 南丁:送一个灵魂高贵的人远行

2016 年 11 月 12 日时近正午,我和李佩甫、张宇及南丁老师的儿子、女婿一起,在郑州殡仪馆的火化炉前,亲手把他的骨殖一块块捡拾起来,装入骨灰盒中。南丁老师的子女带着他的骨灰乘车走了,我一下子感觉世界是如此的空空荡荡。

一次,一次,又一次,我忍着内心的伤痛写下悼念文章。今年 1 月份,张一弓先生去世,《文艺报》约我写篇悼念文章,那时正值我的母亲去世,我在为母亲守灵时写下了那篇文章。然后是和我搭班子的马新朝,我们一起参加着各种活动,他忽然就英年早逝。接着又是南丁。三位都是河南文学界旗帜性的人物。因此有人说,2016 年的河南文坛,很像 1976 年的中国政坛,一个个巨人相继离世。

1988 年 7 月,我大学毕业被分配到河南省文联工作,到一份纪实文学报《当代人报》做编辑。那时,南丁是文联主席、党组书记,同时又是报社挂名的主编,会不时到编辑部走一圈。当时的河南省文联气氛融洽,同事之间很少像现在这样以职务相称,有喊老师的,更多是省略姓氏单称名字。印象中当时文联的同事很少有喊南丁主席的,大都直呼其名,我也没大没小地跟着叫,他也不以为意。这种习惯我一直保持到现在,经常惹得一些高官觉得我不知高低。我那时刚毕业,满身是 20 世纪 80 年代大学生的习气,说话写文章冲冲的,总想与众不同。记得有次南丁到编辑部说:“何弘是个思想家。”我那时毕业不久一个人在郑州,就说:“我思家、想家,可不就是思想家吗?”南丁就看着我温和地笑笑。从那时到现在,28 年有余,和南丁因为是本家,又都属羊,更因为脾气相投,我一直以父辈待他,他也一直视我如亲人。

这么多年来,南丁以其出色的文学才华为中国新文学留下了精彩的华章;以其对后辈作家真诚无私的提携扶持使文学豫军不断发展壮大,在中国文坛独树一帜;以其正直而宽容的伟大德行,显示出高尚的人格魅力;以其幽默旷达的人生态度,虽历经坎坷依然积极面对人生。南丁也因此成为我人生的楷模,指引我不计个人得失积极为河南的文学事业做些力所能及的工作,教会我如何正确面对社会与人生,包括如何正确面对生死。

南丁,原名何南丁,曾用名何铿然、何家英,著名小说家、散文家,河南文学界杰出的领导人。祖籍安徽安庆,1931 年 9 月 20 日出生于安徽蚌埠。1949 年 7 月结业于华东新闻学院,1950 年开始发表作品,1952 年加入中国共产党,1956 年加入中国作家协会。历任《河南日报》编辑,河南省文联编辑、专业作家、主席、党组书记。河南省文联、河南省作家协会顾问,中国文联第五届全委,河南省第七、八届人大常委。

南丁是中华人民共和国成立后成长起来的第一代作家。1954 年短篇小说《检验工叶英》发表于《长江文艺》,《人民文学》给予转载,选入当年《短篇小说选》《青年文学创作选》和英文版《中国文学》。《科长》《良心》《被告》也都受到广泛关注。“新时期”创作的小说《旗》开“反思文学”的先河,《尾巴》《亮雨》《新绿》也广受好评。南丁的小说语言简洁、沉稳、朴实而又闪现着智慧的光芒。他注重作品的思想性,但寻求以文学的方式进行表达,以老到的叙事、扎实的细节和鲜活的人物来表现作品的主题。小说之外,他的创作还几乎涵盖所有的文体,特别是其散文和随笔,往往在不经意间显示出深厚的文字功底、通达的人生智慧、开阔的个人胸怀和高尚的人格魅力。有小说、杂文、散文等作品入选《中国新文学大系》《中国新文艺大系》《新中国六十年文学大系》及高中文学课本。出版有小说集《检验工叶英》《在海上》《被告》《尾巴》《南丁小说选》,散文随笔集《水印》《半凋零》《序跋集》等,作品结集有《南丁文选》(上、下卷)和《南丁文集》(五卷)。

南丁是河南当代文学 60 多年发展历程中最完整也是最重要的亲历者和领导者之一。1983 年,做着专业作家的南丁 52 岁,创作势头正好,不断有优秀作品问世,组织上就直接让他做了河南省文联主席、党组书记。在其位,谋其政,南丁从此坚定地把个人创作放在了后面,而把主要精力放在了组织工作上。他主持创办了《莽原》《散文选刊》《故事家》《文艺百家报》等多种文学期刊,调入了李佩甫、张宇、郑彦英、杨东明、田中禾等后来成为中原作家群中坚力量的一大批作家,对新时期"文学豫军"队伍的成长壮大发挥了关键性作用,为河南文学事业的发展做出了重要贡献。

南丁是一个正直而宽容的人。能将正直和宽容集于一身说起来容易,做起来很难。大凡正直的人往往眼里容不得沙子,对人容易苛刻;而宽容的人往往姑息迁就,对人容易纵容。南丁的正直在于他内心有坚定的操守,行事有主见,不会见风使舵。这曾使他被错划为"右派",被下放到南阳西峡农村,但他并不因这些挫折而妥协。南丁的宽容在于他尊重他人的个性,能看到别人的优点,使每个人都能发挥自己的优长。这对文艺界的领导来说非常重要。不管是在担任领导期间,还是退休之后,他总是利用自己的位置和影响,为河南作家、艺术家遮风挡雨,使之能有一个良好的环境安心创作，并因此成就了文学豫军，他也赢得了河南作家的一致尊敬和拥戴。

南丁是一个幽默而旷达的人。南丁的笑容总是挂在脸上，让人看了就觉得温暖。这么多年来，不管是由衷地表扬人，还是善意地批评人，他总是会用不紧不慢似乎平淡而又内含深意的幽默语言来表达，让人听了就觉得有暖意、愿意接受。南丁的旷达不仅表现在他历经坎坷而初心不改上，也表现在他不管在位不在位都对文学负责任的态度上，更表现在他重病来临时对待生死的态度上。2016 年 6 月份，南丁因身体出现黄疸到医院检查，发现患了胰腺癌。那时马新朝也刚查出患胰腺癌一个来月，我每次到医院都会楼上楼下看他们两个。但不管是我陪他做 PETCT，还是在 301 做手术前我去看他，他的脸上仍然挂着惯常的微笑，这使我们乐观地认为他的病经过手术后问题不大，他可以平安地渡过此关。手术后，他不愿意多在医院住，常常输完液就回到家里住。我家就在他家楼上，我时时会到他那里坐坐，即使在知道他已经肝转移了之后，也总觉得乐观的他应该可以挺过更长的时间。而他其实心里明白一切，但他表现了对待生死从容不迫的态度，他让医生不要再做过度治疗，如果出现情况不必进行抢救，更不要用仪器维持生命。

11 月 1 日，南丁把李佩甫、张宇和我喊到他家里，让我们在他写好的遗嘱上签上字，作为他遗嘱的见证人和执行人，并郑重地把他的后事托付给我们三个，说他不再接受探视、慰问，去世后不设灵堂、不搞遗体告别仪式，让我们三个以朋友的身份和他的家人一起把他送走就是。当天下午，我去单位上班，在楼下碰到去医院的南丁，他坐在轮椅上连站起来的力气都没有，我帮忙把他架到汽车后座上，他已经无法抬起腿来。没想到这一去，他就永远离开了自己的家。11 月 4 日，医院给他验血发现电解质紊乱，下了病危通知。次日,他把家人叫到床前,再次重申了他的遗嘱,告诉家人,佩甫、张宇和我是他的朋友,他去世后不要惊动别人,后事由我们三人办理。

11 月 11 日凌晨,我接到电话匆匆赶到医院,南丁老师刚刚于 5 时 10 分逝世,还躺在病床上。我和他的妻儿简单收拾后,把他从病房送到太平间。在和佩甫、张宇等商量了后事的细节后,下午又亲手把他的遗体抬上灵车送到郑州市殡仪馆。12 日上午,我们三人和南丁的儿女等,送他远行。参加告别的仅有十多人,佩甫和张宇让我来主持。我说,站在南丁老师遗体前的,是他自然血脉的传承者和文学血脉、精神血脉的传承者,是他最亲、最信任的人,也是对他最亲、最敬重的人,我们以能有他的信任而荣幸,也以能最后为他送行而欣慰。

我们送走了南丁老师的遗体,让世人看到了一个高贵而伟大的灵魂。

我知道,在中原大地,南丁也一样关爱、扶持过很多很多的人,他们也一样热爱、敬重南丁,一样在传承南丁的文学和精神血脉。因此,文学不朽,南丁不朽!

# 张一弓:文学旗手

张一弓是我的文学前辈,我上中学时,他正以《犯人李铜钟的故事》等作品在全国产生广泛影响;我上大学学习文学时,他是我们学习研究的对象。但我们的关系远不止于此,我大学毕业进入文联,成了他的同事;我负责文学院的工作,他是文学院退休的老作家;我的老家在河南新野,他也是,我们是真真正正的老乡。因为这样的关系,我和一弓老师的交往自然就多了起来,自然就有了一份特殊的情谊。

张一弓的写作生涯是从娃娃时期就开始的。他出生于一个书香家庭,自幼就喜爱写作。父亲张长弓生前是河南大学中文系教授,母亲生前是开封女子高中语文教师。他在少年时代就受到家庭熏陶,对文学产生了浓厚兴趣。1950年,他写的一首叙事诗获开封高中写作比赛第一名,被校长杜孟模先生(后任河南省副省长)推荐到《河南大众报》,他就这样成为一名“记者娃”。后来,随报社合并进入《河南日报》社,从1950年到1980年,从事新闻写作三十年,从见习记者一步步成长为副总编辑。

张一弓1956年开始发表小说,处女作是河南人民出版社出版的《金宝和银宝》,并在《长江文艺》《牡丹》上发表了《我的老伴》《打擂》等小说。1959年,他发表在《牡丹》上的短篇小说《母亲》,被认为是鼓吹“资产阶级人性论”“给右派母亲唱赞歌”的大毒草,受到省级党报、党刊和省文化工作会议的点名批判,自此中断小说写作二十年。

"文革"开始时,他是《河南日报》文艺组组长,被打成《河南日报》"三家村"成员,受到抄家、批斗,打入"黑帮队"劳动改造。"文革"后期被起用,相继担任《河南日报》理论处处长,报社革委会副主任、党的核心小组副组长;1975 年,又兼任省委办公厅副主任。

1979 年,张一弓同志暗自创作了中篇小说《犯人李铜钟的故事》。《收获》编辑部在大量群众来稿中发现了这部作品、并发表在 1980 年《收获》第一期,在读者和文学界引起轰动,评论界把它视为"反思文学"的代表作,称李铜钟是"中国的普罗米修斯"。作者也由此恢复了中断二十年之久的文学写作。

1980 年 4 月,《犯人李铜钟的故事》发表不久,张一弓被调离新闻工作岗位,下放到登封农村,先后在卢店公社和县文化馆担任副职。当时的中国农村正发生着以"包产到户"为重要标志的历史性变革。张一弓亲身参加了这场变革,这使他有可能延续长期以来作为一位省报记者对我国农民命运的关注和思考,紧跟时代步伐,在八十年代写了 30 多篇、100 多万字的表现这场历史性变革的作品。继《犯人李铜钟的故事》获全国第一届优秀中篇小说一等奖之后,《张铁匠的罗曼史》《春妞儿和她的小嘎斯》获全国第二、三届优秀中篇小说奖(第一届评奖以后的评奖不分等级);《黑娃照相》获 1981 年全国优秀短篇小说奖。有 8 部小说被搬上影视屏幕。

1983 年秋天,张一弓作为获得三次全国性文学奖的业余作者,从登封调入河南省文联创作室从事专业创作,并先后担任了中国作协理事,河南省作协副主席、主席。进入 20 世纪 80 年代后期,他在创作上已经不能满足于对现实生活进行表层的"直来直去”的反映，希望在弥漫于社会生活各个角落的、属于我们这个民族古老文化的神秘感中，着力于民族的生命力量与民族性格的发现。调整了焦距，拉远了视角，写了一些具有浓烈的象征气韵，把讽喻、神话、隐语、哲理、诗情汇涵其间的作品，如中篇小说《孤猎》《黑蝴蝶》、短篇小说《夜惊》等，在创作心态、创作手法、创作风格上出现了很大变化，找到了崭新、鲜活的艺术感觉。特别是《孤猎》，受到了读者和一些评论家的关注和赞赏，在美国出版的一家华文报纸甚至说它是作者的一部“里程碑式”的作品。就在张一弓同志开始新的尝试的时候，他当选为河南省作家协会主席，并花费巨大精力投入文学组织工作。他自筹资金，自任主编，为省作协创办文学刊物《热风》，并为此牺牲了自己的写作计划，直到退休。

张一弓生前是河南省文学院专业作家，文学创作一级，1980年加入中国作家协会，曾任中国作家协会第四届理事、第五届全国委员会委员，河南省第七届政协委员，享受国务院特殊津贴专家，出版有中篇、短篇小说集《张铁匠的罗曼史》《犯人李铜钟的故事》《火神》《流泪的红蜡烛》《死吻》《死恋》《张一弓中短篇小说集》《野美人与黑蝴蝶》等。

退休以后，张一弓担任河南省作协名誉主席、中国作协全国委员会名誉委员、河南省文史馆馆员等名誉职务，又重新把主要精力放在文学创作上，焕发了文学创作的第二次青春。进入21世纪以来，也正是他65岁以后，创作并出版了自己的第一部长篇小说《远去的驿站》、第一部长篇纪实文学《阅读姨父》、第一部纪实散文集《飘逝的岁月》。其中，《远去的驿站》获中宣部“五个一工程奖”、国家新闻出版总署优秀图书提名奖，《阅读姨父》获河南省文学艺术优秀成果奖。张一弓同志晚年深受慢阻肺病的折磨，呼吸量只有正常人的三分之一，右眼又近乎失明。但是，疾病未能使他放弃写作，他所焦虑的是疾病妨碍了长篇小说的写作进程。2012 年，在年满 77 岁时，他又创作并出版了具有绚丽的浪漫主义色彩的长篇小说《少林美佛陀》。在他 65 岁以后的黄昏岁月，又写出了近百万字的文学作品。他时常用巴金老人《真话集》后记中的一句话激励自己："我的生命并未结束，我还要继续向前。"

张一弓是一位具有强烈现实意识的作家，他称自己是"同时代人的秘书"。他认为作家的创作虽然要表现"自我"，然而"自我"也有"小我"和"大我"之分，"大我"才能引起大家共鸣，否则读者没有理由看你的作品。缘于这样的创作理念，他的创作努力追踪农村的变革步伐，以充满热情和理想的现实主义特色为人所称道。20 世纪 80 年代中期以来，他的创作转向对人性、人的生存境遇、人的失落与寻找等问题的揭示。他善于塑造带有英雄气质和传奇色彩的人物，具有欧化色彩的语言与强烈的乡土气息形成了鲜明的对比，他的作品具有强烈的政治色彩、饱满的文学激情、悲壮激昂的风格和独特的艺术魅力。

张一弓对民族、对人民充满热爱，是一位具有历史使命感和责任感的杰出文学家，为中国当代文学写下了壮丽的篇章，做出了突出的贡献，他的逝世是河南文学界的重大损失！张一弓同志虽然离我们远去，但他那些伟大的作品将和他崇高的声望一起为后人敬仰！

# 段荃法:少年远行

前几天,大约是16日(2008年4月)吧,我坐在办公室里,忽然听到门口传来熟悉的声音,答应着未及迎出去,荃法老师已经推门走了进来,清瘦的脸上依然写满了谦和与真诚。

他最近新出了一本集子,叫《少年远行》。书中收录的主要是他近年来创作的随笔、散文,兼有他早年一些未曾公开发表的旧作。他这次来就是专门给我和其他几位同事送他的新作的。其实,以他的名望打个电话来,我自会亲自登门去取;即使实在有事去不了,也会托人取来。但荃法老师从来都是一个宁可麻烦自己也决不麻烦别人的人,即使对于晚辈后学,他也一样待以真诚、谦和。荃法老师自20世纪50年代起即开始文学创作,20年前我刚刚大学毕业进入河南省文联时,他已是成名已久的作家了。但即使是和当时我等这样未谙世事的毛头小子交往,他也一样抱持着平和、尊重的态度,甚至带着真诚的谦虚。他的这种为人处世的态度,常常让年少轻狂的我心中暗生惭愧,也因而至今记忆颇深。

性格张扬一些,对文学创作来说,也许不一定是坏事,可以写出气魄恢宏洋洋洒洒的文字。但比较而言,我更欣赏荃法老师这种不卑不亢谦和内敛的待人处世态度。正所谓文如其人,他的这种性格表现在作品中,就是文字毫不张扬,叙述平静沉稳。在差不多半个世纪的创作历程中,他的作品尽管数量不小,却没有一部长篇。不知道他自己怎么想,可能有些人会因此觉得遗憾。可我觉得在这个长篇被注水且泛滥的时代,这未尝不是一件好事,因为它显示了荃法老师对待文学真诚的操守。尽管没有鸿篇巨制,但荃法老师有他的《天棚趣话录》,他用精短的篇章、朴实的文字告诉我们,对文学作品来说,好不一定要大。我觉得,经过大浪淘沙,当现在的很多长篇早被人遗忘到九霄云外的时候,荃法的《天棚趣话录》还会时时被人记起,会在中国新文学史上占有自己的一席之地。

《少年远行》所收的新作,很多在《茶坊》版发表过,我断断续续读到过不少,大都是记人记事之作以及读书笔记。这些看似信手拈来的文字,读来却很有韵味。现在,热衷于散文随笔写作者伙矣,但无病呻吟妄发议论漫无节制者众。王国维先生说"散文易学而难工",信然!所谓"世事洞明皆学问,人情练达即文章",写好散文其实是需要对人情世故的通透和对文字的长期浸淫修炼的。荃法老师这些看似不经意的文字,其实很好地显示了他的人格修养和文字功力。

这本书中还收录有很多读书笔记,其中有一些是关于世界名著的,但更多的是读同事的作品甚至业余作者习作的感想和感悟。荃法老师已过古稀之年,至今仍坚持读书,甚至是读后尚不很成熟的作品,他都一一写下读书笔记,令人无法不肃然起敬,也令我这个"职业读者"觉得汗颜。那天,荃法老师和我谈了很久,并称赞了我前年出版的一个集子。老师的褒扬当然更多是出于对后辈的鼓励提携,但就他所谈内容看,他是读了书中的每一篇文章的。要知道,这是本理论评论集子,有些地方的表达还有些晦涩,而他能读完并谈出自己的看法,确实让我有些吃惊。

段荃法老师的为人处世，让我们充分体会到了他的人格修为；而其读书和写作，则让我们看到了他对待文学一直保持着的虔诚甚至是敬畏之情。这无法不令人心生感动。所以我要写下这些文字，表达对他的敬意。

# 孙方友:陈州的民间化叙写

孙方友的《陈州笔记》洋洋八卷,收录了他的三百多篇笔记体小说,可以说是最能代表其创作水平和成就的一部文集。这些作品以精短的篇幅生动地刻画了五行八作、三教九流等一系列形形色色性格鲜明的人物形象,构成一幅完整的市井百态众生谱。作者以这些人物的塑造为中心,建构了一个完整的文学意义上的陈州,使其历史、文化、风土、人情、民俗等生动地呈现在读者的眼前,具有重要的认识价值。在写作方面,作者从丰厚的民间文化中汲取营养,较好地继承了中国传统笔记小说的写作风格和特点,借鉴吸收许多世界短篇小说大师的创作手法,并有创造性的发挥,取得了突出的成就。在河南以至中国当代文学史上,孙方友应该以其创作内容和形式的无可替代性而占有重要的一席之地。

尽管孙方友的创作涉及笔记小说(小小说)、中篇、长篇、影视剧等多种体裁,但在其所有作品中,成就最突出的应该是他的笔记小说;而笔记小说中,成就最突出的应该是他以传统手法创作的《陈州笔记》。孙方友的笔记小说,从写作手法上大体可分为三类:民间叙事、文人化的传统叙事、现代叙事。这样的分类称谓未必准确,但就其作品的叙事形态讲,大体分为三个类别应该是准确的。

在孙方友这三种类型的作品中,我比较看好、看重的是民间叙事类作品。这部分作品的创作基本沿用了民间立场,以内在的民间思维、民间想象来叙述事件、描绘人物，体现了民间智慧，因而使我们看到一个存活于民间想象、民间记忆中的陈州。这些年来，重新回到中国民间和传统中寻找叙事方法的作家有很多，如莫言的《檀香刑》《生死疲劳》、贾平凹的《秦腔》、格非的《人面桃花》等，都明显是在此一方面进行了有意识的探索。但总体上说，把现代小说的叙事手段与传统方法结合得非常到位并运用自如的作家并不多，孙方友是做得比较好的一个。他以民间立场叙写的作品，带有浓重的民间传说、传奇故事的色彩。在这类作品中，民间思维和民间想象为作品带来了不可磨灭的独特印记。民间故事、民间传说中有一部分是宣传孝行、善行的，但更多的是把人物特殊的性格、行为传奇化，表现人异乎寻常的机智或愚蠢、有胆有识或怯懦无能等。孙方友的作品基本保留了民间故事、传说的这些特点和特质，其作品除一少部分如《狱卒》等是表现人物善行的外，更多的是表现人物生存智慧的作品。而这种生存智慧其实是民间智慧的典型表现，它通常的模式是以自己的机智来捉弄、损害别人从而实现自己的利益。应该说，这种民间称之为智慧的东西其实是人性中一些恶的或灰色的东西，孙方友以忠实的民间立场这样叙写的时候，的确可以使我们看到更为真实的原始的人的本性。但作为一个作家，能够对这些故事进行必要的改写，使人性中善的、光明的一方得到张扬也许会更好些。

孙方友更接近传统文人笔记的这部分作品，多数是写古陈州真实历史人物的。从这类作品中，我们明显可以看出作者向雅的方向转变的努力。但孙方友其实完全可以更自信一些，民间立场、民间叙事是最适合自己的表现手段，对它的坚持与否与品位的高下并不相干。当然这部分作品的写作也许是缘于作者的创作资源出现了问题，于是开始到县志、历史名人资料汇编等故纸堆中寻找素材，进行二度创作。相对来说，这部分作品在人物形象的塑造方面，其生动、鲜活性与前一类相比要差一些，在资料处理和文学表达方面有不够圆融的地方。

还有一种类型我姑且称之为现代叙事。这类作品采用现代小说或者说深受西方影响的小说的表现方法，注重具体场景的描绘和人物心理的刻画，典型的如《月夜》等，着力点在于挖掘某一特定瞬间、特定场景下人物的内心世界。从这部分作品中我们可以看到孙方友对现代小说创作手法有意识地学习、借鉴和运用。但这部分作品在陈州笔记系列作品中显得比较另类、比较“跳”。就当代文学作品的总体创作来讲，把孙方友的这类作品放进去，会被完全淹没掉，如果拿这些作品作为孙方友的代表作的话，其独特性就完全丧失了。

就《陈州笔记》的总体来说，孙方友在文学地理的版图上基本是以民间化的叙写建构了一个带有鲜明民间色彩的陈州。对于这个陈州，如果能使各个作品建立内在的关联，具有更好的互文性；如果能以文学的笔法把“陈州”做得更“实”一些，使“陈州”如地图般在读者的脑海中清晰展现……那么，这个文学地理中的陈州的总体建构也许做得会更好一些。

# 马新朝：泄露天机的人

和马新朝共事多年，又是老乡。1953年农历十月二十四，他出生于唐河县马营村。村子就在涧河边上，过了河便是我的家乡新野。村里人赶集逛街、看病购物基本都是到新野这边。而且，新朝的夫人也是新野人。因此，我和新朝就更多了层关系。但是这么多年来，我却从未专门给他写过一篇文章。多年前新朝曾让我给他写篇评论，我满口答应了，但因时时在应付催命般的"文债"，而新朝又不会多做催讨，文章就这么搁置下来了，一直到现在。我没想到还这"文债"却是在新朝远行之后，想来就让人感慨唏嘘，隐隐心痛。

2016年6月初的一天，我上班快到单位时，接到了新朝打来的电话。让人电话一通，就听新朝说："何弘，出大事了！"我心想，当年新朝自己开车在高速上把车撞得几乎报废，也没说什么，而他退休后除参加各种诗歌活动外，就是热衷于书法，会有什么大事呢？就问他怎么了。他说是身体出了问题，胰腺查出些毛病。我以为不过是胰腺炎之类的，但知道牵扯到胰腺就有些凶险，便让他好好检查治疗。他说是肿瘤，我仍然没往恶性方面想。新朝又说，是胰腺癌。我还是怀疑，他说基本确诊。然后他又说办公室已经腾好，里面的一些旧书随便处理了就是，办公室就算正式交回了。我不让他再说这些，赶忙问了医院、病房号，到单位简单安排了工作,便立即赶往医院。

在医院,新朝说,这是个不治之症,刚确诊时,心里接受不了,过了一天就想通了。新朝平时不吸烟不喝酒,没有不良嗜好,他说得这个病可能和家族遗传有关,这就是命。他说他是农村出来的孩子,该经历的经历了,该做的做了,该得到的得到了,多活十年少活十年,并没有太大的区别。所以他决定不做过度治疗,对症处理,减少痛苦就行。我和他说了原定的出集子的事,希望他身体条件允许时整理一下,然后我安排人来做。新朝当即同意了。但从医院出来时,新朝夫人说,他的病已经没法手术,肝和淋巴都有转移,只能对症做些处理,不让他太痛苦。后来,新朝在做了胆管支架介入手术后,还是简单进行了化疗。我后来又去看他时,他说大夫说适度的化疗还是得做,肿瘤就像螃蟹一样,张牙舞爪,得用药控制一下。说这话的时候,新朝旁边放着一本杜甫诗集,显然还在时时翻阅,脸上带着微微的笑意,用手比画着。这让我再次感受到了新朝面对生死的旷达。但病情的发展还是出乎意料得快。8月21日,我和冯杰一起去看他。又一次做完胆管扩张手术后,新朝的情况并未有明显改善,黄疸严重,身体惊人得消瘦。这时的新朝已相当虚弱,医生还下了病危通知。我们进去时,正好赶上新朝清醒过来,他轻轻摆手让他妻子出去,拉住我的手只说了一句话:"我很痛苦。"我无言以对,面对新朝的痛苦,我无力为他减轻哪怕一点点,有一种沉重的无力感。后来,在病房门口,新朝夫人对我说,新朝快不行了,他多次和她说起,何弘是个厚道人,想为他做些事,但出集子、开研讨会,都没什么意义了,就不做了。我听后心里感到深深的不安,有很多事我们完全可以更早地做完、做好,却偏偏要等到时间无可挽回地失去时,徒留下遗憾,就如我正写的文章。第二天中午,我正在单位吃饭,接到新朝夫人的电话,说新朝情况很危险,大夫让准备后事,怕单位准备不及,所以先说一下。我听了赶紧把碗里的米饭扒到嘴里,和冯杰、萍子赶往医院。到了医院,新朝的呼吸已很困难,血氧饱和度不到 90,血压靠药物维持也只有 40。我们几个守在医院,在新朝短暂清醒的时间里,和他做眼神的交流,感受着他承受的巨大痛苦却无能为力。后来,新朝出人意料地渐渐稳定了下来。接着,又是一连串的会议、活动。9 月 3 日,在主持完一个研讨会之后,我决定第二天去医院看新朝,可黄昏时分,我还在文学院,新朝夫人打来电话,说新朝走了,16 点 50 分。

我立即打车赶过去,路上通过微信发布了消息,通知了文学院和他诗歌界的几位同事、朋友。在新朝家,我和新朝的亲属商量了他后事的安排,他诗歌界的朋友也纷纷赶来帮助操办。晚上 11 点多,省委宣传部常务副部长王耀还打电话表示哀悼并询问后事安排事宜。第二天,自发赶来悼唁和帮忙的诗友站满了院子,外地多位著名诗人也先后赶来,充分显示了新朝在诗歌界的影响力。

新朝有一位叫马体俊的远房大哥,是个老地主,曾做过民国政府武汉市的教育长,很有学问。新朝少年时,常去听他讲古文诗词,背了不少旧体诗词,这是他日后创作的启蒙。1970 年 11 月,新朝参军入伍,到一军二师服役,先是在开封,后来换防到浙江,期间开始创作,并提了干,做了宣传股长。1985 年初,他退役到共青团河南省委《时代青年》杂志社工作,继续他的诗歌创作,也写写报告文学等。这期间,他随队采访了黄河漂流,从黄河源头一直走到入海口。这段经历对他影响巨大,让他写出了荣获第三届鲁迅文学奖的《幻河》,并成为其创作的重要转折点。2005 年 5 月,他调到河南省文学院工作,先是做专业作家,后来又做副院长,成为我的搭档。

新朝原本就爱好书法，在接近退休时更是差不多到了痴迷的程度。原本文学院成立有河南省作家书画院，但多年来基本没什么活动，新朝兴致勃勃拉着冯杰要大干一番，并非给我安了个名誉院长的虚衔。这段时间的新朝，临池不断，从隶书、汉简一直写到甲骨，字很有些特点和气象，于是就和诗歌界的子川、张洪波有了“南川北马关东张”的称号。

新朝从事诗歌创作多年，在全国大刊上基本都发表过作品。他后来也写一些应景的作品，但他多次和我谈到自己对诗歌的理解与坚守，明白应景之作不过出于权宜，他说他决不把这些作品收入集子。新朝出版的诗集有《幻河》《爱河》《青春印象》《黄河抒情诗》《乡村的一些形式》《低处的光》《花红触地》《响器》等，还出版有报告文学集《人口黑市》《闪亮的刀尖》《河魂》、散文集《大地无语》等。《幻河》是让他获得巨大声誉的作品，它让流淌于大地上的母亲河成为中华民族的精神之河，既写实而又精神高蹈，是对民族精神、气质、魂魄的诗性表达。他到文学院之后，创作了很多短诗，并结集为《花红触地》《低处的光》等。这些诗作是新朝诗歌创作的新突破，他以更低的姿态在具体的生活事件上、细微的事物中感悟生命与存在，让人对生命的真相有更深刻的把握。这些诗作体现了新朝对诗的根本理解：“诗歌是我生命的灯盏，我一边用它照看自己，照看这个苍茫的人世，一边用手罩着，以免被四周刮来的风吹灭。我相信词语后面所隐藏着的神秘的真相以及真理的美和拯救的力量。”新朝去世前几天，他的最后一本诗集《响器》出版。“死者只与响器说话”，这是新朝《响器》中的诗句，似乎是谶语。在新朝家他的灵堂前，我坐在他平时常坐的沙发上，读他的诗集《响器》，读得毛骨悚然。他说他的诗是写给“你们这些活着的人”的：“我这没有灯火的残躯/将引领你们回家。”他写道：“我知道你们的前世和今生/你们所走过的脚印,都留在我的诗篇中/就是此刻,我突然升高,高出遍地灯火/高出你们生命中全部上升的血色素/我的形体里闪烁着人性之光。”新朝在这些诗篇中,通过常见的事物,写出了他对生命最深的理解。把诗写到这个份上,差不多是把生命最深的秘密揭穿了,也算是泄露了天机。古人常说:“天机不可泄露。”也许新朝是用诗的方式泄露了天机,上天唯恐他讲出更多的秘密,决定把他招到天上吧。

新朝说:“诗是带有体温的文字,1000 年后它还有体温。”如今,新朝的身体已然成灰,没了温度。但他的体温留在他的诗里,千年万年后读者仍然能从中感受到他的体温。

# 二月河:历史小说创作的新高度

包括新近出齐的《乾隆皇帝》在内,二月河的清帝系列小说以“正史”为基本线索,重构了“康乾盛世”这个中国封建社会最后一个辉煌时代的社会景观,逼真地再现了当时从宫廷到民间的生活场景,整个作品显得气势恢宏、引人入胜而且雅俗共赏,使我们对封建帝王、官吏、文人、百姓以至整个封建社会及其内在运行规律有了更全面和更深入的认识和把握。二月河继承中国章回小说的传统所创作的这批作品,达到了可以和中国古典小说几大名著相媲美的高度。对于文学豫军的整体创作来说,正因为有了二月河及其清帝系列,才显得更为丰富,也更有分量。

有关乾隆的故事、传说有很多,在近年的戏说热潮中,风流皇帝乾隆也着实风光了 把。但是,这种戏说除了给我们带来一时的热闹同时给一些人带来不菲的经济收益外,似乎并不能留下多少有益的东西。康乾盛世是清朝以至整个中国历史中一个相当重要的时期,它创造了中国几千年封建社会的最后辉煌,也使得早已腐朽且已与社会生产力发展不相适应的封建社会又得以苟延残喘。几乎与此同时,西方的资本主义正在如火如荼地发展,今天看来,如何正确评价康乾时期在中国历史发展中的地位和作用,确实值得我们认真研究。但是,对此问题进行严肃思考并以文学的形式将这种思考表达出来的并不多,二月河是自觉进行这种思考并将其思考诉诸文学的一个突出和成功的代表。

历史小说的写作往往会在两个不同的方向上出现偏颇，一个是不顾历史的真实随意杜撰，走到通俗演义的路子上去，另一个是固守“正史”资料把文学作品写成干巴巴的历史故事。二月河及其清帝系列之所以会取得成功，得到广大读者和专家的一致认可，最重要的一点在于，作者能够以“正史”为依据，对于重要历史人物和重大历史事件充分尊重历史的真实，同时在陪衬性的人物和一些细节问题上，发挥自己的想象力，进行不违背整个历史大背景的虚构，使作品不仅脉络清楚、大气磅礴，而且血肉丰满、气韵生动。这些年来，历史小说创作相当活跃，但能够像二月河清帝系列这样成功的却不多，其中很大一个原因就在于许多作者要么过于注重历史事件的讲述而忽视了细节的描述及整个社会景观和人们生活场景的再现，要么就是这种景观和场景明显与当时的历史背景偏离过多，有违历史的真实。另一个重要原因在于作者对当时的自然景观、人文景观以及人们的生活场景进行了合理的重构，使历史的真实和艺术的真实得到了和谐的统一。

同时，还有更重要的一点，那就是作者对历史事件的描写，始终是在关注社会现实，思考历史、社会和人生的基础上进行的。实际上，这可以说是多数河南作家共同的特点。不管以什么样的手法、写什么样的题材，都始终保持对人生、对社会现实的深切关注和深入思考，这可以说是多数河南作家创作的底色。也许正因如此，河南作家这些年来才能取得较为突出的成就。

我曾经思考过这样一个问题：这些年来，写历史小说的人很多，为什么偏偏是河南南阳的二月河取得了如此巨大的成就呢？这只是一种偶然呢，还是有其内在的必然性？最后我倾向于得出这样的结论：这样的小说只能出现在文化底蕴深厚而且较少受到各种现代思潮过分浸染的地方,它的作者应当是那些既胸怀大志又甘于寂寞毫不浮躁的人。孙广举先生在观察过这种现象后称南阳人有一种“卧龙意识”或“卧龙精神”。所以,二月河出现在了河南,更具体地说是河南的南阳,并非只是一种偶然,在某种意义上说是一种必然。

当然,清帝系列小说的成功还有另一个方面的原因,那就是多数中国人对于“权力文化”多少都有些迷恋。宫廷权力斗争可以说是中国“权力文化”最典型的代表,清帝系列小说对中国“权力文化”的描写可以说是淋漓尽致的,它能够得到读者的喜爱在很大程度上有这方面的原因,前一段“这委大院”“那委大院”能够走红就很能说明问题。对于这种“权力文化”,尽管作者可能是出于批判的态度来写的,但客观上可能起到了渲染和推波助澜的作用,而且作者在写作中也往往会不知不觉地沉迷其中,可能又会进一步沉迷到封建文化当中。二月河其实在这方面有着清醒的认识,我看到过一篇关于他的访谈文章,他说他曾经比较过康熙及俄国的彼得大帝,在前者醉心于巩固自己的权力和统治的同时,后者大规模地开始修建了铁路,后来的乾隆更是明确表示对于西方文明,中国除了钟表什么都不需要了,康乾的这种思想事实上阻碍了中国资本主义的发展。所以二月河说如果把康雍乾看作一个大系列的话,可以说是一个巨大的社会悲剧。同时,他还明确表示了自己对清朝思想禁锢、容不得丝毫民主气息及封建文化对人性摧残的批判态度。但是,在清帝系列小说中,这些思想却没能明确传达出来,而且很多读者可能会在读了作品之后平添出对“明君”“清官”,对昔日“太平盛世”的丝丝怀恋来。当然,这些可能只是阅读中需要注意的问题,但很有必要引起我们的重视。

# 孙荪:横岭侧峰的《风中之树》

孙荪先生的《风中之树》我读过多次,每次总会有新的感受,新的发现。我相信在不同的读者眼里,在不同时候的同一个读者眼里,这部作品肯定会有不同的风韵。

首先,这是一部深刻的评论之作。作者对李凖进行了长期的跟踪研究,并撰写了大量评论文章。《风中之树》则是作者在经过长时间的深入挖掘、潜心思考之后拿出的一部对李凖进行集中、全面、深刻评价的力作,可以说代表着目前李凖研究的最高水平。李凖是非常幸运的,这不只表现在他非常幸运地被当时的时代大潮推上了浪尖,早早成名,从而为以后的文学创作铺平了道路,终于成为一个著名的作家。他的幸运还在于得到了孙荪这么一个评论大家如此长时间的关注,使得他在去世之后,在大多数作品早已不堪卒读的时候,还能够一次次地被我们谈起。应该说,如果不是处在那样一个时代,以李凖当时的文化素养,他根本不可能成为一名作家,更遑论成为一代名家了。李凖以其机敏迎合时代,时代选择李凖这样的人为其服务,这两方面因素的结合使李凖走上了创作之路,而这条道路必然要以其规定的轨迹延伸,一旦偏离,其文学之路就会中断。因而尽管李凖最终成长为一棵文学大树,但他不可避免地要在时代之风中摇晃。所以我们与其把这看作是李凖的局限,还不如把这看作是他的规定性。李凖是他们那个时代那批作家的代表，对于其身上的局限性，甚至人格上的弱点，进行道德评判是没有意义的。作为一名研究者，我们要做的是探究产生这种现象的原因，是其对现实、对未来产生的意义。孙荪正是这样做的，他通过对李準的剖析，不仅让我们加深了对真实李準的认识，更让我们看到了李準是如何被时代扭曲的，树是如何在风中摇晃的，让我们对那样的时代产生那种现象的原因有了深入的认识。其实即便在今天，我们文学之林中的一棵棵树真的就不随风摇晃了吗？尽管很多人可能不再随政治的风向摇摆，但经济的、文化的种种因素总会使某种东西成为时尚，让许许多多的人随风而舞。等到若干年后，我们可能发现，我们走过的仍然是同李準相似的路，我们创作的许多作品仍然同李準的许多作品一样，成为速朽的东西。在这个意义上，《风中之树》也可以说是一部警世之作。

同时，《风中之树》又是一部非常好读的传记文学作品。作者与李準非常熟悉，是交往多年的朋友，掌握了大量鲜为人知的第一手材料，能够对李準进行近距离的深入观察。这为作者写好李準、写活李準奠定了基础。加上作者具有深厚的文学造诣，能够调动各种文学手段——比如大量小说化的细节描写——为塑造人物服务，这使作者成功塑造血肉丰满、生动鲜活李準形象的努力成为现实，作品也非常好读。其实，真实或者说现实的李準已经永远地离我们而去，而孙荪重写(Rewrite)或者说创造的这个李準形象将会永存。这是《风中之树》在文学上的又一重意义。

再者，《风中之树》也可以看作是一部理论著作。应该说这部作品有很大一部分可以划入创作论的范畴。作品以李準为载体，在阐述其个性特色的同时，也论述了其具有普遍意义的艺术经验，使读者可以通过李準这么一个鲜活的实例，认识到怎样才能具备一个成功作家的素质，怎样才能写出一部好的文学作品，像《细节癖》《浓后淡》等章节都可以说是对创作理论具体、鲜活的阐述，对文学创作具有很高的指导价值。

最后，《风中之树》也是一部优秀的散文、随笔集。作者本身就是一个散文家，以散文、随笔的写法进行写作已成为这部作品的一个突出特点。其实这部书的每一个章节都可以作为一篇探讨河南地域文化、回忆故人轶事、推究如何做人等类型的优美散文来读。这也是这部作品具有较高文学性的一个重要方面。

当然，对于这部作品，其他读者肯定会有自己新的发现。之所以“横看成岭侧成峰，远近高低各不同”，是这部作品跨文体的特点及其所具有的丰富内涵决定的。

## 附：贺孙公华诞诗并联

2012 年 1 月 8 日，孙荪先生七十大寿，实六十九周岁，赋古诗一首为贺。

自我少年时，久已慕孙公。
不意得此幸，左右长相从。
公非凡间客，飘然有仙风。
情由书酒洒，名以文章隆。
曾赋星云月，也推豫军腾。
论罢风中树，又编大典成。
谦谦养君子，彬彬修儒鸿。
岂谓我独羡，楷模众皆宗。

孙老师七十华诞，赋古诗十六句以为贺，情至句出，余皆不拘也。

2013年1月8日，孙荪先生七十周岁，又撰写一联为贺。

读星云月静观宇宙之在，

看风中树妙机人世其微。

题款曰：吾少年时因读孙公散文星云月三赋而慕其名，毕业回豫，以文学评论为业，而先生乃此行执牛耳者。及河南省文学院成立，先生首掌其门，遂得追随左右至于今天。所就教于老师者，岂止学问功课，其儒雅彬彬之风度，吾不能之，心向往之也。甲午小寒后二晶，孙公华诞撰联以志贺忱，何弘并记之。

# 周俊杰:诗贺七十华诞

周公俊杰先生七十华诞,赋七律一首以志贺忱。

唤友呼朋兴致隆,
推杯换盏贺周公。
洒脱酒品称豪放,
稚雅书风号健雄。
满纸烟霞挥笔起,
通篇妙论纵毫终。
新人乍进七零后,
气宇轩昂又返童。

# 张斌:态度与感动

作为一个以批评为职业的人,不管什么时候阅读作品,我们可能都会带着一种职业的眼光。最初,我在准备阅读张斌的《一岁等于一生》这部长篇小说时,大概也是抱着这样一种阅读心态。可是真正开始阅读的时候,我发现自己已经被这部作品深深地感动,不知不觉地变成了一个一般意义上的阅读者,直到把这部作品读完。这又促使我从一个批评者的角度来思考这个问题,于是重新把这部作品读了一遍。

张斌所描写的这个事件,对我们来说可能是一个非常特殊的个案,但对人多数事物来说,往往只有在极为特殊的情形下,才能发现它所具有的最为普遍性的本质。有关龙儿的这个事件之所以特殊,是因为龙儿刚出生不久,我们就看到了在不远处等待着他的死亡。但事实上对每一个生命来说,死亡其实都在前边的某个地方等待着,在这一点上我们和龙儿的命运其实是一样的。所以死亡对我们来说并不是一个外在的事件,而是内在的、本体性的。大概是海德格尔吧,因此说了这样一句话:当一个婴儿出生的时候,已经老得足以死去。因而死亡实质上是生命的规定性,它就像前面阴影中躲藏着的一只老虎,随时会扑出来吞噬掉生命,没有人可以躲得开。对生的无限追求和死亡这种本体性虚无二者之间的矛盾决定了生命存在本体上的荒谬。一岁等于一生,百岁也不过是等于一生，在上帝死掉之后，更多的人由此感受到的是一种无边的痛苦和彻底的绝望，而张斌告诉我们的是，一个人的生命历程哪怕只有一岁，但他始终沐浴在爱的阳光里，他因而是幸福的。所以，张斌的这部小说提供给我们的其实是对待生存本体性荒谬的一种态度，它让我们由此明白了生命的意义，使我们在绝望中得到了安慰，在痛苦中感到了幸福。

有关龙儿的这些事件是张斌本人亲身经历过的，作为一个专业作家，他的这次创作可能来自一种非职业性的冲动，因为他要表达的是内在的、身体性的东西。而这些关于生命的问题对读者而言同样是内在的、身体性的，他们有理由对此予以更多的关注并可能为此而感动。我想，在当今这个信息传输异常便利、表达方式更为多元的时代，文学似乎应该更多地关注这些更为内在的身体性的问题，因为在影视和多媒体的冲击下，对外在于我们的宏观事件的直接表现已不是文学的强项，即令文学涉及这些问题，它的表达也应该是身体性的。当然这并不意味着要排斥其他的表达方法，而只是出于使文学更贴近读者的一种考虑。

张斌的这部小说采用了一种多视角的叙事方法，一般来说这种叙事方式更多地会导致对意义、价值和真实本身的消解，因为许多现代后现代作家就是这么做的。《一岁等于一生》是如何由此完成了作家对意义的构建和价值的肯定的呢？我想最关键的一点来自于作家诚实的叙事态度。如果换一个新锐的作家，假定他仍然采用这种多视角的叙事方法，他也可能会采取一些特殊的叙事策略，比如加入龙儿的视角，但如此一来，读者可能就会对叙事的真实性发生怀疑，因为龙儿的视角明显出于叙事的技巧，会使读者感觉到作家对叙事的玩弄，从而导致对意义、价值、真实的怀疑和消解。其实，对传统作家和现代后现代的新锐作家来说，叙事手段的差异是外在的，内在的区别在于前者相信有一种真理和价值存在，它趋向于建构，而后者则怀疑、否定一切，它趋向于消解。前者使平常的一切显示出它的意义，后者则使有意义的一切显得平常甚至荒诞。

现在，在所谓的纯文学或者说高雅文学圈子里，存在着一种过于注重叙事技巧的倾向，它日益使文学作品变成为“由专业作家写给专业评论家的专业书”。对这些作家来说，他的创作可能更多地来自于用某种特殊的技巧弄出点什么的冲动，因为他是作家，而且是职业的，所以他一定要写出点什么，所以他会非常注重叙事技巧，也因此他才显得更专业，他才更得写出点什么……于是“专业书”出来了。

其实，就叙事的本质而言，没有真实，由一个作家完成的多视角叙事肯定是虚假的，所谓真实、所谓现实主义只是一种阅读感觉。没有真实的叙事，只有诚实的叙事。前者是一种对客观性的判断，后者则是一种基于主观性的态度。张斌就是以这样的诚实态度在进行叙事，所以读者才有了一种真实的感觉，才有了一种感动。对于目前的文学创作来说，恐怕应该以这样一种创作态度去关注那些更为内在的身体性的问题，这样的话，文学才可能更贴近阅读者、感动阅读者，这也是《一岁等于一生》告诉我们的。

# 李铁城:诗传诗圣

唐睿宗太极元年正月初一,沉浸在新年喜悦当中的巩县瑶湾杜氏一家比别家更多出一份喜悦,在杜家笔架山前的窑洞里,一个新生命诞生了!喜悦当中的杜家人当时不会意识到,这个新生命是胸怀一个伟大的灵魂来到人世的,他的到来将会对中国文学史、对中国人的精神史产生持续不断的巨大影响,会为中华民族在世界文化史上树起一座不朽的丰碑。这个新生命就是杜甫;这一天按现在通行的公元纪年,是712年2月12日。

杜甫一生历经坎坷,他成年后长时间过着穷困潦倒、颠沛流离的生活。但穷困无改其志,杜甫用如椽大笔深刻地反映了他所处的时代,留下了不朽的“诗史”;潦倒更见其格,杜甫身体瘦弱不堪而胸怀广阔无边,于困迫中心忧天下、情系人民,守仁取义,遂成千古“诗圣”;流离不没其才,其的诗不仅内容厚重,而且艺术成就巨大,沉郁顿挫、精微高妙是其诗作的基本品格,其七言律诗所达到的艺术高度至今难以逾越。

杜甫是中国传统知识分子中最具永恒价值的杰出代表。在今天这样一个熙熙利来、攘攘利往的年代,金钱竟成为对人本身的最主要的价值衡量尺度,因而建设社会主义核心价值体系毫无疑问地成为摆在全社会面前的重要课题。此时,杜甫的精神价值怎么估价都不过分。2012年是杜甫诞辰1300周年,以此为契机,让世人更好地认识杜甫这个中华民族重要的文化符号所具有的精神价值,具有十分重要的现实意义和深远的历史意义。因而纪念杜甫诞辰1300周年,对中原乃至中国文化界来说,都是一件十分重要的大事。

就是在这样的情况下,我读到了一部奇特的书稿——《杜甫诗传》,这是李铁城先生以诗的形式为曾经书写出“诗史”的伟大“诗圣”所写的“诗传”,是一千多年来首次以诗的形式为杜甫立传,具有开创性意义。

李铁城先生古文根底深厚,近年来碑铭、祭文、赋颂、诗词等佳作不断,广受好评。1997年,全国炎帝公祭活动向全球征集祭文,他的《祭炎帝文》被选中,从此声震文坛。该文2001年被选入人民教育出版社出版的高中语文读本。他为河南新郑黄帝故里拜祖大典撰写的《拜祖文》也大受称赞。此后,他撰文并书写了大量重要碑碣,如《轩辕黄帝之碑》《嫘祖之碑》《孔子之脾》《诗圣杜甫之碑》《唐诗人刘禹锡之碑》《唐诗人李商隐之碑》《光山司马光之碑》《民族英雄赵尚志之碑》《梁山伯与祝英台之碑》《嵩阳书院将军柏诗碑》《豫剧大师陈素真墓碑》《中原山水赋碑》《韩昌黎先生论赞》《卧龙台诗碑》《振兴门记》《昂昂溪古遗址赋碑》等。铁城先生不仅文章好,书法也诸体兼备,独树一帜,楷书、行书、草书尤佳。此外,他所著的《新道德经》万余言字,分立身、治国、事理三篇,曾引起强烈反响,被国人誉为“五四运动”以来阐述人生问题最为精辟的警世之作。

我与铁城先生相识二十余年,先生于我是师辈,但为人耿介的他待我很亲切,我们的交往是忘年之交、君子之交、坦诚之交。2009年5月18日晨,我通过手机短信收到铁城先生发来的自悼诗三首,读后感慨良多,曾依韵作七律一首,表达我对先生的敬意:

相识廿载友情长，疏懒无心话暖凉。
傲骨一身迎众小，雄碑数座对朝阳。
好诗千首千秋重，佳赋百篇百代芳。
莫道桑榆天色晚，期君椽笔谱新章。

在多年的交往中，先生有事或简或详总会和我说说，我因而早知道先生在用诗歌的形式为杜甫立传。不意蒙先生不弃，嘱我为之作序，这令我惊喜中也心怀忐忑，唯恐有负先生之托。

世人皆知铁城先生是作旧体诗的行家，殊不知先生于新诗也造诣极深。他曾将作于二十世纪五六十年代的新体诗结集出版，名《失爱者》。诗集中的很多诗篇读来让人不由不击节赞叹。近来，他相继出游西藏、欧洲等地，将其所见所感写成了一批新体诗，并在《莽原》等专业文学期刊上发表，反响极佳。可以说，铁城先生新诗的创作才华被其旧体诗文的万丈光芒所淹没，以至于尽管先生在创作《杜甫诗传》期间曾和我探讨过有关新诗的一些问题，但我一直先入为主地认为他是在以旧体诗的形式为杜甫立传，直到看到成稿时才发现是新体诗。

铁城先生是杜甫研究专家，对杜甫和杜诗都理解深入，曾多次撰写相关文章并书写了杜甫有关碑碣。其《杜甫诗传》除前面的引子外，共分七章，分别是书香世家、十载壮游、困顿长安、感时伤世、流浪巴蜀、漂泊荆襄和尾声，其中各章又各分若干小节，寓叙事、抒情、议论于一体，描写了杜甫的一生并分别予以恰当的评价；同时在各个部分，还分别附录杜甫此一时期的代表性诗作，并以诗的形式进行点评，语言精警、见解独特，对深入理解这些名作大有裨益。因而这部作品可以说是一部以诗传杜甫、以诗评杜诗的独辟蹊径之作。

在杜甫诞辰 1300 周年之际，诗传诗圣，是彰显中国文人精神传统之举,是赓续道统之举,是于现实大有功德之举。为杜甫立传,表达对杜甫的敬意,使杜甫精神在每一个中国知识分子的心中生根、发芽、开花、结果,是中原文化界也是中国文化界为诗圣杜甫献上的一瓣心香,是对杜甫最好的纪念,也正是这部作品意义之所在。

# 焦述:其人其作

我与焦述先生自20世纪80年代后期相识,转眼已有27年。那时,文学热遍及神州,当作家或从事编辑等与文学相关的工作,是大多数青年崇高的人生理想。我就在那时进入河南省文联,和焦述先生一起在一家纪实文学报从事编辑工作。后来,我选择专事文学评论,去了创作研究室,而焦述先生则进入文学创作室,专事文学创作。多年来,焦述先生默默笔耕,从报告文学到小说,作品一部接一部出版,声誉日隆,让许多先前并不看好他的人颇为错愕。个中原因,说复杂其实也简单,如果我们能对焦述其人、其经历有深入的了解,自然也就明白了焦述这些年创作井喷般爆发的缘由。最近,焦述的长篇小说《审判者》即将付梓,他希望我能为这部作品写点文字,做个介绍。知人论文是中国的传统,我想,借此机会谈谈焦述其人其事其文,不仅对我们理解焦述的这部作品会有所帮助,对我们理解当下的一些文学现象及文学创作的一些规律也会有些裨益。而且,吃了蛋,再看看下蛋的鸡是什么样子,有哪些秘密,也会是读者非常感兴趣的事。

焦述20世纪40年代出生于当时的河南省城开封市一个书香世家。

对河南现代文化有深入了解的行家大都知道许钧其人,他以书画名世,有"河南一支笔"之称。开封是中国著名的古都之一,在

20世纪50年代之前,一直是河南省的治所。在开封东南,有一处占地400余亩的园林,叫禹王台公园。园内原有一土台,相传春秋时晋国大音乐家师旷曾在此吹奏乐曲,故后人称此台为“吹台”。唐天宝三年(公元744年),李白、杜甫、高适三位大诗人曾登吹台吟诗作画,留下了《梁园吟》等脍炙人口的名篇。后人因建“三贤祠”以为纪念。开封向为朝廷治黄指挥机关所在地,为纪念大禹治水的功绩,明嘉靖二年(公元1523年)在古“吹台”上建禹王庙,“吹台”被改称为禹王台。清康熙帝为之亲书“功存河洛”牌匾。禹王庙正殿后面有座御碑亭,亭中碑上刻有清乾隆皇帝南巡开封“吹台”时亲笔写的一首诗。其他文人雅士,历代多有写诗题刻者,作品大都保存在禹王台周围的回廊壁上。细心的游客会发现,其中就有3道许钧的碑石,开封博物馆也收藏有许钧的25件墨宝。许钧是清光绪二十九年(公元1903年)科举考试的案首(秀才第一名),曾任开封修志馆馆长,先后在开封一中、北仓女中讲学,1939年被河南大学聘为文学院教授,编著有《河南金石志》《开封县志稿》《凝一斋文稿》及《醉竹草堂自怡诗钞》等。

这位许钧就是焦述的祖母许钰的胞兄。出生在这样的家庭,许钰自幼受到良好的文化熏陶,成为知书达理、能诗会画的大家闺秀。焦述的父亲焦伟真受母亲与舅父的影响,少年时即热爱上诗歌。河南大学中文系教授周启祥先生主编的《30年代中原诗抄新编》一书,收录了焦伟真的17首诗作,并附有这样的简介:

焦伟真(17首)

诗人。他也写散文、小说与旧体诗,并长于书法。原名焦宝箴,字程之,一字铭新,别号绿衣。曾用笔名有:镜心、静心、青蒙、丽波、山竹、奇夫等。1913年生于开封。1930年开始发表新文学作品,并先后在《河南国民日报》上主编副刊《浪花》、《中天》和《天鹅》等文学周刊。1932年初,他经人介绍参加了"中国左翼作家联盟河南分盟"的成立大会,并当选为"分盟"干事。同年,他在《河南民报》上创办并主编了《丁香诗刊》(周刊)。这是河南自有新文学历史以来出现在省会开封的第一个诗刊。

他的诗歌热情奔放,富有激情,诗风朴实,诗意浓郁,功力深厚,堪称诗苑中的历史珍品……

然而,焦伟真在文学才华刚刚显露尚未充分施展时,即遭受了巨大的磨难。由于从事革命工作,焦伟真成为政治犯进了监狱。当时"左联河南分盟"的三名干事,除一人逃走外,两名入狱,"左联"在河南的活动也因而只是昙花一现,很快销声匿迹。

焦述的母亲1920年生于开封市,外祖父是一个成功的创业者。这使焦述殷实的生活没过多久即开始经历磨难。母亲的家族因外祖父的创业经营,在中华人民共和国成立后不久即被划为地主兼资本家,财产被分光。父亲1949年以后在河南省直机关工作,在"反右"斗争中被错划为右派分子,经历了21年磨难始得平反,恢复公职。所幸十一届三中全会之后,全家人重新奋起,舅舅和表弟创建了颇具规模的企业,如今已上市多年,身家数亿,成为当地致富带头人。焦述兄弟五人,并没有因为父亲被打为右派分子而沉沦颓败,一蹶不振,而是靠发奋努力而获得一技之长,后来分别担任文化艺术学校校长、艺术团体团长、文化部门负责人及艺术研究专家等。也许因父亲家族遗传和文化熏陶,焦述弟兄五人不约而同都从事了文化工作,成为名副其实的文化家族。

焦述最早发表的文学作品是小说,那还是在1959年。但后来,焦述自觉选择报告文学作为自己主攻的文学样式,并以报告文学作家的身份为大家所熟知。我相信他的这种选择一定与他对文学作品社会性的特别重视有很大的关系。

焦述以前在安阳市文联工作，在20世纪80年代调到河南省文联，从事报告文学编辑工作。一贯重视深入生活，是焦述最突出的特点。他一直有自己的生活基地，做期刊编辑时，他总会忙中偷闲深入生活基地，调研他关心的课题。20世纪90年代初，焦述转为河南省文联专业作家，有了时间保证和自主条件，他将深入生活升为第一要事，有目标、有计划、有措施地进行着。90年代中期之后，河南省委安排七名专业作家挂职深入生活，焦述从1996年至2002年，到济源市政府挂职副市长6年；接着，他受聘一家房地产公司，任副总经理2年半；之后，进入河南省高级人民法院，体验法官5年多；走出法院后，又应邀进入河南省国土资源厅，体验生活至今。

在中国的"专业作家"队伍中，绝大多数作家似乎都对作品的"文学性"特别重视，因而更多地把目光投向个人的内心深处，更多地关注个体存在。焦述则更多地把目光投向了社会经济问题，去关注那些直接影响社会变迁的重要事件，他相信只有深刻反映时代变迁、反映社会运转的状态和规律的作品，才能经得起时间的检验，才是真正的好作品。他曾多次提到茅盾，他认为只有像茅盾先生那样深入经济生活的核心，才能创作出《子夜》这样优秀的作品来。

在到济源挂职之前，尽管也曾创作过不少小说和散文，但焦述基本还是一个以创作报告文学见长的作家。在挂职过程中，焦述自觉地把自己融入市长角色中，一干就是6年，使自己真正成为一名称职的市长，出色地完成了自己分管的移民工作，受到水利部的肯定和表扬。与此同时，他也没有忘记自己的作家身份，坚持每天记日记，及时写下自己的所见所闻所想所感，终于有了第一部真正意义上的长篇小说——《市长日记》。也正是有真市长的真日记垫底，我们看到的作品才会这样的鲜活、这样的真实、这样的原汁原味。此后，焦述的创作开始爆发式增长，继日记体长篇小说《市长日记》后，他相继创作了《市长手记》《市长笔记》《市长后院》《市长纪事》《市长女婿》等，受到出版界的追捧和读者的广泛关注。

20 世纪 80 年代以来，经济发展在中国被奉为第一要义，经济生活成为整个社会生活的核心。焦述认为，处在政治－经济－文化转型过程当中的中国作家，要想创作出能深刻反映我们这个时代变迁的伟大作品，必须深入了解国家政治、经济的运行状况，参与到这个循环当中。正是基于这样的认识，焦述成了他们那批挂职深入生活的作家中干得最为投入，也干得最为有声有色的一位。焦述到济源市政府挂职副市长，省委组织部文件讲："作家挂职原则上不分工，可以协助一位副市长工作。"但济源市委对焦述经过半年观察之后，直接将十分重要的黄河小浪底移民工程交焦述分管。

挂职 2 年期满，济源市委向省委写报告，期望省委批准焦述继续挂职工作，深入生活。省委组织部根据有关文件批复焦述的挂职可延长 1 年。待 1 年期满，焦述挂职副市长已满 3 年，本该离任返回，济源市委再次报告省委，因移民工程已进入关键阶段，期望能让焦述继续挂职工作。按文件规定，挂职干部一般最多期限 3 年。当时的省委宣传部部长和组织部部长一道找到省委主要领导，就济源市委要求焦述继续挂职的请求进行请示。开明的省委领导做出了特事特办的决定，同意济源市委的请求。就这样，焦述又做了 3 年副市长，将济源市 4 万名移民移完工作完成后方才离任。

焦述究竟在任副市长时做了哪些工作，让济源市对其一再挽留呢？

焦述于1997年元月正式分管移民工作,很快,济源的移民工作成为诸多兄弟移民市县的排兵头,济源的移民工程成为公认的优质移民工程。2000年,国家水利部授予济源市移民局“全国移民先进单位”称号,全国获此殊荣的只有河北秦皇岛市与河南济源市,而济源市对移民资金的管理被誉为全国最好。之所以有这样的成绩,是因为焦述接管移民工作之后,做出了一系列合情合理又前所未见的重要决定。分管移民之初,焦述就决定,济源市所有移民的补偿款,自进入济源之时就存入四大国有银行,移民款不再由市财政转至乡,由乡转至村,由村里发放给移民,而是由移民户代表直接持存折到银行领取。从分管移民工作的副市长到以下各级官员,都不再染指移民款的发放。小浪底移民补偿款是1949年以后历次移民工程中最高的,仅济源市就有12亿元之多。焦述的这一决策,一度引起轩然大波,但是广大移民非常满意,因移民款发放不到位而上访告状的情况不见了。市委书记对此尤为满意,说这一举措从根本上避免了移民款的跑冒滴漏。同时,焦述还大胆对移民工程做了许多有创意的决策,如避免人为干扰通过抓阄分房;变更已被国家计委核准了的移民规划方案,将9000多人的异地安置变为就近本地安置;变移民住房的公建为移民自建等。说到底,这些举措的出发点都是为移民着想,并尽可能减少人为干预,让老百姓减少猜疑,尽量满意。

焦述为人诚实、诚恳,很讲诚信。长期置身官场的经历,使其早已洞悉官场的内幕,他完全可以用当时流行的模式创作一部官场加情场的流行作品,以暴露和窥视的心态描写官场中人玩弄权术向上爬、挖空心思捞钱的故事。但焦述志不在此,他倾向于忠实生活,原汁原味地表现生活、剖析社会,从而深刻认识社会的运行状态和规律。因此,在焦述看来,并非所有的素材都可以写进作品，作家并非要将知悉的东西全部公布于众，而应该为读者负责，决不能为自己的私利出卖作家的良知。焦述讲，他无论走到哪个领域哪个单位，决不会抱着窥视别人隐私的态度，去观察生活，放大阴暗面，如果那样，即使写出了作品，也只能是现象的浅层次真实，而非本质的深层次真实。因此，无论焦述走到哪里，都有人愿意与他交友，和他说真话、诉真情。

济源的挂职生活，使焦述积累了充分的创作素材。挂职结束之后，他创作出的"市长系列"作品，成为既具有重要社会认识价值又具有良好市场反应、深受读者喜欢的优秀作品。究其原因，主要有以下几个方面：

首先，焦述是一位勤奋且富有使命感的作家，他正确地理解和处理了文学与时代、时代与生活、作家与人民的关系，因而能创作出生活底蕴丰厚的现实主义作品，具有重要的社会认识价值。

其次，踏实地深入生活为焦述带来了丰厚的创作资源，使他有了作为市长的真切体验，对盘根错节的人事关系有了透析能力，使作品有了可信度、可读性。

再次，焦述对生活事件具有很高的敏感性，能够准确把握时代热点，进行文学化的表达，因而受到了广大读者的喜爱。

就作品本身来讲，它之所以能受到读者的喜爱，关键在于其具有信息容量巨大、浓郁真实的生活气息以及质朴平实的叙事等特点。

多年的市长经历，使焦述可以比较容易地通过市长这个特殊的人物身份，把各个层面的事情联系在一起，在深入描写各级政权运作状况的同时，笔触向下深入到最基层的百姓，向上触及省级、部级，把发生在这里的纷纭复杂、千头万绪的矛盾冲突纳入自己的笔端，使作品拥有巨大的社会信息量，为读者描绘出官场众生相，使读者了解了官场中人的总体生存状态和个人追求，让读者看到官场的"规则"。不同于当前流行的官场小说，焦述作为亲历者，更容易把握官场复杂而微妙的人物关系和行事规则，使作品显得更为真实、可信。而且，他在作品中不有意拔高人物，也不有意贬低人物，他始终忠实于生活，不只描写市长的政治属性和官场活动，而是把市长作为一个人来写，不回避人物的缺点和人性的弱点，使作品富有生活气息。

再一个重要原因在于，焦述从来不是一个靠技巧取胜的作家，他遵循自己一贯的艺术追求，语言朴实，不事雕琢，多采用白描的手段，力求从平淡中见神奇，于平凡中见伟大。质朴平实的叙事使广大普通读者的阅读能够较为顺畅地完成，这也是焦述作品取得成功的重要因素。

6年副市长经历和移民工程的政绩，使焦述赢得了组织的信任。从济源挂职回来后，焦述在集中进行了一段创作之后，想到河南省高级人民法院挂职体验生活，便给省委去信反映了自己的要求。当时担任河南省委书记的李克强同志亲自批示，让焦述到河南省高院挂职。在法院的5个春秋，焦述可以翻阅他感兴趣的各种案件卷宗，旁听他感兴趣的各类庭审，特别是跟踪法官现场办案，直到列席审委会对重大案子的研讨审判。许多法官成了他的知音知己，彼此无话不谈。这样的经历使焦述的视野更为广阔，思想更加深邃。

在河南省高级人民法院挂职体验生活的5年间，焦述不仅对很多案件的来龙去脉有了详细的了解，对案件的审判内情有了深入的把握，更重要的是，他对法官这个群体有了更内在更准确的认识。多年的积累，多年的思索，多年的酝酿，让焦述厚积薄发，创作出了长篇小说《审判者》。作品以泰阳的一起重大纵火案为背景，描写了省高院院长带领一批法官深入调查案件真相并揭开了泰阳官方阻挠调查的内幕，反映了当前司法和行政体制中存在的一系列重大问题。

有焦述多年的法院深入生活为基础，有多年的文学创作为保障，我们有理由相信《审判者》会是一部值得期待的优秀作品。

# 王洪应:在无边的大地上

王洪应先生是个身材伟岸、秀骨丰神、相貌俊朗、仪表堂堂的汉子,出生在祖国的东北哈尔滨,在祖国的大西南云南当过飞行员,转业后一直生活在祖国的中原河南。在河南,他长期从事文艺组织和领导工作,对各个艺术门类的情况都非常熟悉,特别是戏剧、影视、文学等了解尤深,时有批评佳作问世。丰富的经历和对文艺的熟悉,为洪应的创作提供了很好的条件,而繁杂的行政事务又使他无暇进行大部头作品的创作,散文就成为他最为钟爱且得心应手的文体。

洪应不像一些“专业散文家”,时时摆出一副职业杀手的架势,写出的文字却虚假、矫情、卖弄、做作,令人不能卒读。洪应在工作之中或工作之余,处处留心,世事洞明,每有人生之悟、生命之思、家国之忧、社会之感,情动乎中,言发于外,信手拈来,自成高格,自为妙文。《冬季到台北来看雨》是洪应一个集子的名字,收录了他多年来创作的一批散文,文集的名字出自其散文代表作《冬季到台北来看雨》。这篇散文记述的是他带团到台北演出的一段亲身经历,文章借雨写乡情,写乡愁,情真意切,感人至深,文章甫经发表即受到广泛好评,很快被选入中学语文教材。如此一篇文章即见出洪应的本色,真的是人本倜傥,文自风流,虽不专治散文,却端端是散文名家!

读洪应的散文，总觉得有一种广博的爱意充盈其中，给人以感动。大地之爱是洪应散文的主旋律。在《大地无言》中，他说：“一切生命都来自大地……是它给我以生命，给我以依托。”“人的最终归宿是大地。”“作为大地的儿子，我深深地感谢它给我的一切。”以感恩的心态面对大地，是洪应很多散文的基调。大部分人都热爱自己的故乡、热爱故乡的土地，洪应也不例外。他在《东北老家》中有这样深情的自白：“我爱我的东北老家，我要把我的亲情和恋歌都献给他。”但走遍了祖国大江南北的洪应超越了狭隘的地域观念，他爱的是脚下无边的大地，而不仅仅是一方水土，这就使这份爱显出了它的博大和深沉。在《黑土地、红土地、黄土地》一文中，他深情地讴歌了自己生长、战斗、工作的东北黑土地、云贵红土地和中原黄土地。他说：“黑土地、红土地、黄土地，还有我不很熟悉的其他颜色的土地。各色土地拼组在一起，就完成了世界上最美的组合，这是一个绚丽多彩的大花园——我们的祖国。”正因有对大地这样一种爱意，洪应不论到哪里，总能在那方土地上探寻到其深藏的内蕴和内在美来。这样，我们就看到了洪应的《感觉郑州》《话说洛阳》《亲近商丘》《阅读许昌》《走近漯河》《春潮开封》《吟唱安阳》等对河南各地的深情书写；也看到了《春漫大理》《自然的武夷》《下扬州》《泰宁的色彩》《冬季到台北来看雨》等他对所行走到的祖国各地的歌颂。应该说，这些散文构成了洪应散文创作的主体，它们都有一个共同的基调，那就是这些散文都是因作者心中对大地的爱而自然涌出的颂歌。洪应的散文中不仅激荡着广博的大地之爱，同时还弥漫着真切的人间之爱。在《温馨月》《女儿的手》《吾妻善良》等文章中，我们看到了作者对母亲、女儿、妻子细微、真切、感人的爱。除亲人之外，在《老师》《问天下谁是英雄》等文章中，我们看到，即使对于身边各种各样的普通人，他同样以虔诚之心发现了存在于人与人之间的友善、情谊和可歌可敬之处。而在《蓝色的畅想》《春的絮语》《别辜负了秋天》《乡韵自多情》《鲜花盛开的日子》等文章中,我们又可以明确地感受到作者对自然界细微的一切、对万事万物的深深爱意。之所以如此,正在于作者是在以感恩的心态对待大地,对待大地上的一切,所以他才能在自然界的每一个事物中发现美来,才能自然而然地唱出心中的颂歌。

洪应的大地之爱是广博而深沉的,所以他无论到哪里,总会深入探究这方土地的历史及文化,总会努力为这方土地上的人民塑像,总会努力传承这方土地上的文化薪火。这在他描写河南各地的那组散文中表现得尤为突出。以感恩的姿态匍匐于大地,以爱的眼光关注大地,作者便在普通的事物中发现了形上的意义,其人生感悟便有了不同寻常的价值。因此,读洪应的散文,总觉得有一种睿智的思想浮现其中,给人以启迪。同时,以大地之子的身份在大地上行走,为大地歌呼书写,作者自然显示出了对大地负责任的态度。所以,读洪应的散文,又觉得有一种担当的精神贯穿其中,给人以鼓舞。

这些只是从一个侧面阅读洪应的散文所得出的一孔之见,如果换个角度,我们必会有新的发现,会从洪应的散文中读出更多的内涵,获得更多的启迪。虽然,仅此一斑实不足勾画洪应散文之全豹,但仅此一斑也可让我们略窥全豹,对其有个初步的了解。

# 杨东明:回到身体本身

## 从身体的问题开始

东明的性爱系列小说,现在我们看到的有《性爱的思辨》和《问题太太》,关注的是性这样的最为身体性的问题。这对河南作家的创作来说,应该具有比较重要的意义。长期以来,河南大多数作家更多地把他们的目光放在了社会的层面上,在社会问题、权力斗争、处世哲学等方面着墨较多。河南中年以上的作家大多也都是在这些方面取得了相当大的成就,比如李佩甫的《城市白皮书》《羊的门》对社会现实和社会问题的反映和提示,张宇的《活鬼》《软弱》对个体在特定社会中生存智慧的描写都达到了相当的高度。

与同时代的这批河南作家比较而言,东明有不少特殊的地方。东明在《问题太太》后面的附录里谈到了"向外"和"向内"两个视角,并把性爱问题作为"向内"的一个"恒定"问题。其实问题并不仅仅是一个"向外"或"向内",如果只是这样区分,这个问题其实在所谓新时期文学"向内转"时就已经解决了。当时所谓"向内转"实际上更多的还是在于描写外部世界在人们内心深处、思想情感等方面引起的变化及活动,人的社会属性其实还是关注的重点。东明关注的重点其实并不在人的社会属性方面,他所关注的其实是作为身体性存在的人,性恰恰就是这么一个最为身体性的问题。梅洛·庞蒂等哲学家早就对身体问题从哲学的角度进行过关注,但文学作品这方面的表现好像要少一些。梅洛·庞蒂是把身体问题作为个人存在的一个本体性问题来理解的,他说:“我就是我的身体。”“世界的问题,也可以从身体的问题开始,就在于一切均现成地存在着。”东明自己可能不一定自觉,我觉得他确实是从这个角度来理解身体、理解性的。他以前尝试着用各种手法写了许多各种各样的作品。应该说直到性爱系列小说,他才真正确立了属于自己的特点,给自己的作品贴上了“东明牌”商标。

在许多年轻作家那里,身体、性似乎成了自己的拥有物,因而可以随意地展览、叫卖。所以我们可以看到花样繁多的性描写,它们可能是对于性场面欣赏性的描写,也可能是对复杂的性技巧、粗野的性暴力、放纵的性行为的展览,还可能是对于晦暗的或变态的性心理的宣扬。这些想象力丰富的描写为读者炮制了大量富有色情意味的场景,使以前一直秘而不宣的性真实或性幻想成为一种极具吸引力的使人沉迷的且可大量消费的语言和感官方面的刺激和享受。也就是说,在这些作家那里,身体也好、性也好,更多地具有了消费这样的社会属性。

只有在身体性的存在中我们才有一种实在感,而性正是我们身体性存在的一个重要表征。在东明的作品中,性是作品的主题,不是作为展品、不是作为消费品而存在的。它是一个值得关注的问题,是一个从我们的身体开始的问题,与我们的存在无限地关联着,因而它所提示的其实就是我们的存在处境问题。现实中“一夫一妻”的家庭、婚姻观念和法律及其造成的情感和性爱现实对人性来说肯定存在着严重的压抑,是现代人焦虑的一大根源。而这个问题也并非是修改法律就可以解决的。也正是在此意义上,它才真正成为一个本体性的问题。

从叙事方面讲,与《性爱的思辨》相比,《问题太太》的叙述更为流畅，故事是越讲越好了。我现在越来越觉得讲好故事对作家来说太重要了。只有能讲好故事，才能当一个作家，然后再当大作家。当然，东明已经是大作家了，收入也不错，说不定还能伟大一把。

## 肉体的记忆

想想看，在时间中赋予生命以意义的究竟是什么？是权力、金钱、地位、名望，还是别的什么？都不是！这一切的一切随着时间的流逝都会变得微不足道，而只有身体对生命而言才是实在的。精神对于不朽、对于无限的追求在被有限性制约着的肉体面前总是显得那么的虚妄，它所带给人的只能是焦虑和痛苦。只有在身体性的存在中我们才有了一种实在感，而性正是我们身体性存在的一个重要表征。梅洛·庞蒂用一句非常简单的话道出了身体对于人的重要意义，他说："我就是我的身体。"(《眼与心》)

普鲁斯特较早发现了身体的这种重要意义。正是对于肉体记忆功能的发现成就了普鲁斯特和他的《追忆逝水年华》，使一个每天躺在床上的"病秧子"在文学史上有了重要的一席之地。当普鲁斯特躺在床上的时候，他发现过去的时光、事件、情景在他的肉体中再现、复活，这个发现使当下的存在获得了意义，使其从时间中得到了拯救，也因而有了他的不朽之作《追忆逝水年华》。

杨东明再次发现了肉体的记忆功能，并从肉体的感性出发，证实了性对我们而言的确是一个几乎具有本体性质的问题。梅洛·庞蒂在他的主要哲学著作《知觉现象学》中重点研究了身体、身体性的记忆对人的重要作用。他说："只有在记忆不是过去的构成性意识,而是根据现在的蕴涵而重新打开时间的一种努力,并只有在身体成为我们与时间(就像与空间)进行交流的手段的情况下,身体的作用才被人理解。"(《眼与心》)

在《性爱的思辨》中,杨东明有这样一段描写:"陆洁观察过自己的肉体,它发现肉体是有记忆力的。陆洁的肉体珍藏着许多对于潮白的记忆,到了床上,一接触于潮白,那些记忆就自动地苏醒,按部就班地将对方曾经访问过的地址一一打开。如果是短暂的分别,如果她和他的肉体没有机会接触,那么陆洁的肉体就会在独处的时候默默地将那些记忆一一反刍……那滋味让它咀嚼不尽……"

陆洁,其实应该说杨东明对肉体的记忆能力的发现对《性爱的思辨》这部作品而言是很重要的。首先,它确认了身体对人的重要作用,并使作为身体的一种重要存在方式的性的存在同时得到了确认,这样就使性的问题得以作为一个与身体也就是与我们自身无限关联的问题被提了出来,成为这部作品的主题。其次,对杨东明来说,还有极其重要的一点就是:肉体的记忆成为一个可以由他随意打开的时间闸门,使他可以随意对发生在不同时间的事件、场景进行调度,使整个叙事向前推进的方向完全不必考虑现实中事件的发展顺序。

《性爱的思辨》实际上不是一个多么吸引人的故事,而且这个以性爱为主题的作品中也没有具有诱惑性或刺激性的色情描写,事件本身并不具有太多吸引读者的东西。如果只是按时间的顺序把整个事件叙述出来,整部作品可能会变得平淡无奇。这部作品的特别和重要之处即在于它从肉体的记忆功能中发现了作为性的存在的身体的重要性,从而使性成为一个与我们的存在处境直接而无限相关的问题,成为一个与每个人的存在都直接相关的普遍性问题。

在这部作品中，杨东明让时间碎裂为一个个片段、让整个事件碎裂为一个个场景，在主人公的肉体中一一复活。整个叙事基本上是以陆洁的视角展开的，除了陆洁现实的行动线索外，主要的事件和场景都是通过陆洁肉体的唤醒来展开的。这部作品开始的时候，陆洁实际上已经陷入了性爱和情感的困境当中，那么他和于潮白当年美好的性爱和情感生活是怎样进入叙事当中的呢？作品是从陆洁准备和于潮白一起入浴开始的，当她泡进浴池里的时候："光滑的手臂从浴缸边松软地垂搭下来，手指下意识地在那里抚着、触着，于是，就触到了一点涩和一点糙。那是……"于是，肉体的记忆就唤醒了过去美满的情感生活和性生活。类似的处理在整个作品中俯拾即是，成为一个极富特色的调度手段。

可能因为对新生的、新奇的事物比较敏感，他的兴奋点转移过快，很难在一个问题上深入（在这一点上，不知道是于潮白像杨东明，还是杨东明像于潮白）。东明以前在写作手法上做过许多尝试，由于在不断地变换写作手法，东明以往的很多作品总是显得不够成熟，在情节安排和叙事处理上不时会出现突兀、生涩和局促的地方。但是在《性爱的思辨》中我们可以看到，虽然同样采用了一种明显有别于传统现实主义的写作方法，比如作品明显地借鉴了意识流的写作手法，但由于作品本身关注的是一个极为身体性的问题，而东明又恰当地借助肉体的记忆功能来切换场景、推进情节，使以于潮白的行动为脉络的线索和以陆洁的行动为脉络的主线有机地融合在一起，而且作者的整体调度也显得非常从容，挥洒自如。正因如此，这部作品虽然不按故事的现实发展顺序向前推进，而是根据需要由陆洁肉体的记忆随时唤醒一个个断裂的片段，从而更好地服务于作品具有思辨色彩的主题，但总体上说，作品给人的感觉仍然非常顺畅，没有明显的阅读障碍和生涩的感觉。

## “想”和“能”的距离

对性问题的关注当然远不是从杨东明开始的。近半个世纪以来，特别是在西方，女权主义或女性主义运动开展得如火如荼，性问题当然是她们关注的一个焦点问题。这场运动实质上应该说是一场试图推翻父系社会的法律、价值观和人际关系的革命。杨东明的思想虽然也带有类似的特点，但在本质上还是有着相当大的区别。然而，西方女权或女性主义运动的一个基本出发点肯定得到了东明的认同，那就是：“作何不适宜人性存在与成长的环境都是应该纠正的。”（《情爱世界》）

现实的家庭、婚姻观念和法律及其造成的情感和性爱现实对人性来说肯定存在着严重的压抑。就人性或者说肉体和心灵的需要而言，我们是否必须恪守着只能与一个人保持爱情和性爱关系的规章？显然不是。所以，我们早就认识到“婚姻是一种罪恶”。恩格斯等伟大的思想家不是也认为在理想的社会中家庭和婚姻应该走向消亡吗？只不过对于多数思想家而言，当他们面对此类问题的时候是在用头脑思考，而杨东明却是直接从肉体的感性出发来认识问题的。

现实社会带有明显男权特征的性爱及情感状况显然不能令杨东明感到满意（当然他的不满并不止于此），这种环境显然“不适宜人性的存在和成长”，于是他虚构了一个较为理想的性爱环境，即吉玛人带有母系社会特征的生活环境。在这里，两性之间保持着一种相当自由的关系，相互之间和整个社会组织对这种关系也没有太多的束缚,特别重要的是两性的任何一方都没有独占对方的权力。所以在杨东明看来,这样的环境似乎更适宜人性的存在和发展。当然,作为男权社会的进入者,在这样的女权社会里虽然可以充满激情,但也难免感到尴尬和不适应。

然而,这样的一个母系社会对于人类的性爱关系来说并不是一个理想的环境,这个建立在对男人权利剥夺基础上的社会存在着同父系社会一样的问题,甚至它的问题要更为严重,至少父系社会并不剥夺女性做母亲的权利,它却剥夺了男人做父亲的权利。在这部作品中,冕诺的痛苦就表明了吉玛人的社会并不是一种理想的社会形态,冕诺的痛苦实质是自我的觉醒,吉玛人社会的瓦解也许就会从"冕诺们"开始。杨东明在作品中写下这么一笔,显然表明了他对吉玛社会是否确实有助于建立一种理想性爱关系状况的疑问,而他的性爱理想国也许会是永远的"乌托邦"。

问题到了这里,就被推进了更深的一层,成为一个关乎我们存在处境的本体性问题。

在《性爱的思辨》中,于潮白虽然背着陆洁同许多女人发生了性关系,但这并不表明他对陆洁的爱有了改变,甚至在他热恋着陆洁但仍同彭磊保持着婚姻关系的时候,也不能说他不爱彭磊。这就是人的本性,他总是无限地追逐着一切美好的东西,但却时时受到肉体的有限性的制约。比如说美女吧,古时有,现在有,将来还会有,一个人既不能生于古代,又不能无限地活到将来,怎么可能一一得到她们呢?即使现在的美女,又怎么能一一爱遍呢?所以对每一个人来说,在"我想"和"我能"之间总是存在着距离,"我想"而"我不能",这就是做人的苦难。保罗·利科认为"我想"和"我能"之间的距离,即做人的"苦难",就是人的"原罪",就是人的本体性存在处境。在我的理解中,《红楼梦》同样表达了这个主题,为什么在当时一夫多妻合法的社会里，作者不让贾宝玉同时兼得钗黛呢？因为钗黛作为一种象征，代表的其实是天下所有美好的女子，宝玉面对她们爱而不能兼得的处境，就是人类普遍的存在处境。因此，婚姻家庭观念和制度的确立在本质上就是“我想”向“我能”妥协的产物。

于潮白在一夫一妻的社会中同时与多位女性保持着性关系，而在吉玛人的母系社会中又无视该社会的规范期望占有自己的儿子，表明他不愿接受妥协，明显具有无视一切规范、把自我抬高为了自己世界的中心以及纵欲的倾向，按基督教的观念理解，这就是“罪”、就是“堕落”——当然，这不是从道德或法律意义上做出的评判。在基督教的传统中，“原罪”是以亚当的“堕落”为象征的，其特征是不信、狂妄和纵欲，也就是背离或胶离上帝的意志，转向自己并把自我抬高为自己世界的中心。保罗·蒂里希认为，不能把“堕落”看成“从前有一次”发生的事件，它是人类存在的普遍处境。“堕落”的根源正是人的有限自由。造成人的“苦难”处境的是人的有限性与无限的矛盾，而处于这种处境中的人对有限自由的滥用就是“堕落”。

人是生而自由的，但它有限，它不可能逾越“我想”和“我能”之间的鸿沟抵达彼岸，但欲望、灵魂却不断驱使它这样做。这就是人的“苦难”“罪”，这是人的有限性及其滥用自由的双重结果。丁潮白在亲生儿子的刀下无可奈何地走向了死亡，它表明“我想”和“我能”之间的距离不可逾越，作品以性为象征所表达的人的这种存在处境确乎是本体性的，无法改变。这就是《性爱的思辨》揭示给我们的从身体开始的具有普遍意义的问题。

# 周大新:人品与作品

周大新的小说写作始于 1979 年,就目前所见资料,他的小说处女作应该是 1979 年 3 月 25 日发表于《济南日报》的短篇小说《前方来信》。此后,他的写作基本以中短篇军旅题材的小说为主,有《第四等父亲》《军界谋士》等,这个过程一直持续到 1986 年①。1986 年 8 月,周大新在《解放军文艺》发表了短篇小说《汉家女》,并以此获得全国优秀短篇小说奖。《汉家女》对周大新的创作具有重要意义,这篇小说让他荣获全国短篇小说奖,更确立了其在文坛的地位,更重要的是这部小说蕴含着他早期创作的基本主题,使他此后的创作能在一个正确的方向上行进。《汉家女》虽属军旅题材的作品,但其作品明显具有浓郁的乡土气息,作者虽然将主要笔墨都集中在军营生活上,但隐藏在背后的却是对努力走出农村、走出盆地者奋斗与抗争的书写,这成为他此后创作的一个重要主题,并开启了"盆地"系列作品的创作,这时期的作品主要有《伏牛》《走出盆地》《向上的台阶》《香魂塘畔的香油坊》《银饰》等。后来,他以《第二十幕》赢得广泛声誉,并以《湖光山色》荣获第七届"茅盾文学

① 1986 年对周大新的特殊意义胡平也早就注意到了,他在《神话的复归——周大新盆地小说原型分析》一文中说:"仿佛是受到神的启示,1986 年的秋季,回乡省亲的周大新站在那块黑色的土地上,闻到成熟了的秋庄稼散发出的新鲜香气,望着乡亲们在田间劳作的情景,忽然意识到,自己最熟悉和最应该写的还是脚下的故土。"

奖”。

谈到周大新,更让人津津乐道难以忘怀的是他的人品。这个以良善之心书写着对这世界走向美好的热望的人,在日常生活中,总是用点点滴滴零零碎碎的举动,不断温暖着身边的每一个人。

我对周大新其人其文,是那么的熟悉,但当决心好好写写他时,发现自己遇到了难题:对周大新,想说的话很多,但就是不知道从何说起,就是找不到一个好的切入点。

于是,我只好反复阅读周大新关于文学的随笔,以期更好地理解周大新对文学的理解。忽然,我发现周大新多次在不同场合,比如在创作中、在演讲中、在答记者问中、在聊天中,都谈到自己非常喜欢的两个作家,一个是俄罗斯作家列夫·托尔斯泰,一个是中国的沈从文。有一天,我在翻阅读周大新的散文集《看遍人生风景》时,再次看到他谈及自己喜欢的两个作家,就有了追问下去的念头:周大新何以喜欢的是这两个风格差异如此巨大的作家呢?这似乎是个很简单的问题,但深入思考时,我觉得对周大新及其创作的研究似乎可以从这里开始,搞明白了这个问题,其实就真正理解了周大新。

托尔斯泰创作最明显的特点是它的社会指向,而沈从文创作最明显特点却是它的自然指向;但二者又有着共同的特点,就是对女性细腻、准确、深刻的描写。事实上,周大新的文学启蒙正是来自托尔斯泰,或者说托尔斯泰是他创作的启蒙导师。他在《读〈复活〉》这篇短文中,描写了“文革”期间在兵营中读到一本残破的《复活》时给自己带来的震撼,并发誓一定要弄到一本新的再好好读。“六年之后,我的这个愿望得以实现,我在济南的一家小书店里,买到了一本新版的《复活》。也就是从这时开始，我开始学写小说。”①受托尔斯泰的影响，对社会问题的思考成为周大新写作中关注的重点，对爱的呼唤与对拯救的渴望成为作品的精神主题。对女性的特别关注也是托尔斯泰创作的一个重要特点，这也许使他进一步喜欢上了沈从文。沈从文是“凭一颗诚心”，希望作品能“影响人，总是引起爱和崇敬感情”，②而周大新的写作是“为了人类的日臻完美”；沈从文认为“生命哀乐实在群众中”，“群众哀乐实在我生命里”，周大新也是将自我深情与人们生活命运中的悲欢离合不自禁地融合一处；尤为重要的是，这两位爱哭的男性作家，那一副慈爱柔软的心肠，时常显示出宽和柔善的女性光辉来。

## 意义追求和责任担当

“不少人写小说是为了好玩，也有人将小说视为一种作秀的工具，而周大新写小说却纯粹是自觉自愿承负起一种天然使命。他要用自己手中的笔，描绘出‘密林’里丛生的荆棘，以及走出‘盆地’的艰难跋涉。”③林为进对周大新写作的概括是非常准确的，至少对其早期的写作是如此。

周大新早期的写作主要是描写军营生活的中短篇小说。统观这些小说，我们会发现周大新对战争的认识是在不断深化的。他前期的不少作品重点是歌颂战争的正义与神圣。比如发表于1979年的《前线来信》，以家书的形式讲述了当时中越边境战争中

① 周大新：《看遍人生风景》，河南文艺出版社2014年版。

② 沈从文：《沈从文谈艺术》，江苏人民出版社2014年版，第10页。

③ 林为进：《以平民视角写平民——周大新印象》，《人民日报》2002年9月15日。

被俘的解放军战士江波的正义之举,是对我军正义性的歌颂;而《走廊》则重点描写了战争中军人的成长及战争对军人的神圣意义;《第四等父亲》重点写的是军人职责与家庭义务间的矛盾,突出了军人的牺牲精神。随着对战争描写的深入,他又把表现的重点放在了对战争残酷与血腥的描写上,比如描写台儿庄血战的《铜戟》。然后,他又重点描写了战争给军人带来的心理创伤,如《白门坎》《瞬间过后》等。更进一步,他的《世事》《猜测历史》等重在揭示战争的荒诞;《左朱雀右白虎》等揭示了战争对文化的戕害,而《旧世纪的疯癫》《关于战争消失那天庆贺仪式的设计》等则揭示了战争的反人类本质。

在所有与战争有关的中短篇小说中,发表于 1986 年的《屠户》和《汉家女》对周大新来说更有着特别的意义。这两部作品的主人公都是女性,一位是屠户家的普通姑娘珠儿,一位是女护士汉家女。这两部作品的特别之处倒不在于作者对战争的反思多么深刻,而在于他深入到了女性的内心,关注到了与她们的性格、价值观等密切相关的文化背景。实际上,仔细分析周大新的军营小说就会发现,他描写的很多人物都是“穿军装的农民”。这固然与他自身的经历密切相关,但从另一个意义上讲,周大新关注的并非仅仅是军营中的事件,而是作为军人的这些人,他关注这些人成长的背景对其性格、行为方式等产生的影响,以及他们的性格、行为对军营、对社会的影响。也许正因如此,周大新描写军营生活的小说反倒多了一种别样的韵致,有了更多的文化内涵和社会意义。

1986 年,在描写多年“穿军装的农民”之后,周大新关注实实在在生活在故乡土地上农民的愿望愈发强烈,他意识到,他生长的南阳才是他的根之所在,可以为他的创作提供源源不断的人物、故事和文化资源。于是,他开始了对“盆地”的书写,而这种书写的重要主题则是“走出盆地”，这在他更早描写军营的小说中已有体现。这些作品包括《泉》《泉涸》《汉家女》《武家祠堂》《家族》《老辙》《小诊所》《紫雾》等，当然也包括他的第一部长篇小说《走出盆地》。

周大新认为“写苦难是小说的一个基本任务”，他说：“作家写人不写苦难，甚至有意避开苦难，那就对不起自己的良心。”他把苦难分为个人的苦难、民族的苦难、人类的苦难三类，并把苦难的产生归因于自然、人自身和命运。① 与苦难抗争，就是要寻找幸福。周大新的写作实际上大多是在描写不同人寻找幸福的过程。在他看来，“寻找幸福，表现这种寻找过程是作家们的义务”。② 在当时中国城乡二元严重对立的社会背景下，“走出盆地”即“逃离土地”，也就是“寻找幸福”。周大新这些描写“盆地”农民逃离土地的作品，反映的正是当时中国乡村社会变革的现实。

周大新的写作虽然总体上说以现实主义为基调，实际则高扬着理想主义、浪漫主义的色彩。正因如此，他虽然描写了不同人的逃离，但同样以浓墨书写了回归。他的第一部长篇小说《走出盆地》，描写了主人公邹艾走出盆地的种种努力，但最终却落脚在回归上。邹艾首先努力走出盆地，在学习掌握了现代医药知识后又回到了盆地，建起了医院和药厂，带领家乡开始了现代化进程。从这个意义上说，周大新心中的“走出盆地”，实际上是走出落后的生产和生活方式，融入现代化的进程中。由此，周大新前期大量的长中短篇小说作品，确实对当时中国的社会现实做了深刻而全面的表现。

周大新对南阳盆地历史文化有意识的表现很早就有。在《走

---

① 周大新：《小说与苦难》，《创作与评论》，2013 年第 8 期。

② 周大新：《我写〈湖光山色〉》，《人民日报》2006 年 5 月 25 日。

出盆地》中,他就引入了神话传说作为辅线,在增强作品地域特色的同时,使作品具有了更深刻的文化内涵。而《伏牛》《左青龙右白虎》等则是对南阳历史文化更集中的表现。周大新在现代化变革的背景下表现历史文化,着眼于对传统历史文化、价值观念进行反思与重估,发现其局限所在,以期对未来产生积极的意义。带着这样的理想,周大新对盆地的书写就绝不仅仅停留在"走出"或"逃离"的层次上,随着写作的深入,他不断探究传统历史文化对盆地的塑造和影响及其带给未来的可能。比如《玉器行》揭示的是固守传统的邱爷对创新的压制,寓意改革的艰难;《老辙》揭示的是在历史的变迁中由于人性、文化等种种因素的影响,人物的命运却走向了新的轮回。正是由于对盆地文化的深入开掘,周大新塑造出了许许多多生活在盆地中的鲜活人物,如《香魂塘畔的香油坊》中的郜二嫂等。

对南阳现实及历史文化的深入思考,最终促使周大新创作完成了一部全面表现20世纪中国社会变革的皇皇巨作《第二十幕》。作品名字"第二十幕"正是20世纪的象征。而20世纪是人类历史上变动最为剧烈的一个世纪,对中国来说情况更是如此。这个世纪使中国持续了数千年的封建制度走到尽头,被共和政体取代,历经军阀混战、抗日救亡、国内革命战争等,终于在世纪中叶建立了中华人民共和国。此后半个世纪,中国的发展同样曲折艰难,但最终还是在20世纪末以一个经济高速增长、正在崛起的负责任大国的姿态屹立在了世界的东方。周大新的长篇小说《第二十幕》就是通过中原古城南阳一个丝织世家在20世纪的兴衰沉浮,向我们展现了作为中国缩影的一个小城百年间的世相,记录了中华民族在20世纪走过的波澜壮阔的历程。《第二十幕》是最能体现周大新创作水平的代表作。作品总体的故事虽然是围绕南阳的丝织业展开的，但它其实包含了尚家振兴祖传丝织业的家族物质文化追求，晋金存、栗温保等人追逐权力的官本位文化追求和以卓远为代表的传统知识分子承继道统的精英文化追求三方面的内容，并通过这三种文化形态的交错、碰撞、融合，表现了20世纪中国政治、经济、文化、社会各方面的剧烈变化，传达了作者对中国文化重建的深入思考。

写完《第二十幕》之后，周大新自觉把目光从农村、军营转向了都市，创作了《21大厦》。如果说“第二十幕”是20世纪象征的话，“21大厦”则是对21世纪的隐喻。由此我们可以看到周大新自觉的责任感和担当意识，他是立志要对中国20世纪以来社会的巨大变迁进行全面表现的。《21大厦》以一座大楼象征整个社会，试图对处于时代交替中的中国社会进行全面反映和深刻剖析。实际上，尽管描写的是现代都市生活，周大新并没有放弃农村这个巨大的背景，他在以农村的眼光观察城市，作品通过在大厦做保安的乡下人小谭的视角，观察大厦形形色色人的情感、婚姻和家庭生活，洞察到了都市人的情感和精神困境，对都市有了别样的发现，这使作品不仅保持着鲜活的时代气息和生活气息，同时有着一种特别的幽默感和韵味。

周大新不仅在书写现代都市时隐含着城乡对立的视角，他在书写历史、战争时同样隐含着这样的视角。且不说他前期作品中描写了许多“穿军装的农民”，即使《战争传说》这部以明代土木堡之变和北京保卫战为背景的小说，实际上仍然隐含着这样的视角。《战争传说》写的是一个游牧民族的女子进入北京色诱大宦官以图影响战争进程的故事，从本质上说描写的仍是城与乡的对立，是从个人的角度对战争做出的深入思考。

在对部队、农村、都市、历史等不同题材进行全面思考和表现之后，周大新重新把目光收回到农村，于是有了新的发现，创作出了荣获茅盾文学奖的长篇小说《湖光山色》。对于这部作品的创作，周大新说："创作《湖光山色》这部小说的初衷之一，是想把当下乡村变革中的真实境况表现出来，引起读者们对乡村世界的关注。"①《湖光山色》以周大新故乡南水北调水源地丹江口水库边上的楚王庄为描写对象，来表现中国乡村变革的真实状况，并由此来反映中国传统文化、伦理对发展的影响。事实上，《湖光山色》描写的不只是"乡村变革中的真实境况"，周大新是带着理想主义的热情和理性的思考，试图在乡村的真实境况中，发现影响着乡村的深层权力结构、社会伦理和文化背景。因此，孟繁华称："这不是一部兴致盎然虚构当代乡村爱恨情仇的畅销小说，不是一个偏远乡村走向温饱的致富史，也不是简单的扬善惩恶因果报应的通俗故事；在这个结构严密充满悲情和暖意的小说中，周大新以他对中国乡村生活的独特理解，既书写了乡村表层生活的巨大变迁和当代气息，同时也发现了乡村中国深层结构的坚固和蜕变的艰难。"②

《湖光山色》之后的周大新，可谓功成名就，但他探索的步伐并未停止。很快，他创作出了一部似乎有些特别的长篇小说——《预警》。《预警》描写的是我军某机密部队作战局长孔德武被恐怖分子利用其人性的弱点一步步引诱威逼就范，最后又毅然觉醒的故事。《预警》的故事固然精彩，但这并不是周大新表现的重点，他探索的是重要人物人性的弱点被人利用后可能给国家与社会带来的巨大灾难，向当今世界发出了预警。尽管周大新以其一向理想主义的精神为作品设置了一个让人欣慰的结尾，但作品对当今世界

① 周大新：《对乡村世界一腔深情》，《光明日报》2011年4月11日。
② 孟繁华：《乡村中国的艰难蜕变》，《文艺报》2006年5月16日。

的反恐形势所做的思考,使作品具有了巨大的现实意义,体现了作家的责任感和担当精神。

周大新的创作,题材广泛,紧贴时代与人心变迁,对当今社会做了全面而深刻的表现,充分体现了他作为一个作家对作品社会价值、意义的追求以及自觉的责任感和担当精神。

《安魂》更是一部独特的作品。周大新的儿子因病英年早逝,当时他已年近六十,这个打击是无比巨大的。忍着巨大的悲痛,周大新把他的痛楚、他对儿子的思念写了出来。但这部作品并没有止于对儿子的怀念和个人伤痛的书写,而是以差不多三分之二的篇幅构建了一个天国世界,使天人永隔的事实以文学的方式得到改变,使有限的生命由此得到拯救。周大新的这种努力,显然超越了个人的伤痛,是从人类的意义上去思考生死,并积极寻找获得拯救的方式。

2015 年出版的《曲终人在》,是周大新面对目前广泛开展的大规模反腐行动创作的一部长篇小说。周大新在总后工作,《曲终人在》创作的缘起与总后的谷俊山案有关。但周大新并没有把笔墨放在案件本身,而是从人生成长的角度去深入揭示案件发生的社会和人性背景。这部小说涉及一个重要的话题:官员的职业素质。“这看上去古老,甚至显得有些陈旧和落伍,但是在价值混乱和道德失序的今天,作家对道德的拷问和张扬,并且为之引入基于时代变化而产生的新的思考,读来却有一种崭新的价值和意义。”①

通观周大新的创作我们可以看到,他一步步把握着大众的关切,描写社会现实和时代变迁,题材及于军营、乡村、都市、历史、反

---

① 付如初:《从周大新的〈曲终人在〉说起》,《经济观察报》2015 年 7 月 5 日。

腐、国际反恐以及生命伦理等各个方面,应该说是对当今社会做了全面而深刻的表现,这充分体现了他作为一个作家对作品社会价值、意义的追求以及自觉的责任感和担当精神。

## 女性书写与人性开掘

周大新喜爱的托尔斯泰是一位关注社会问题的作家,而在写作中又总是从具体的个体特别是女性入手,描写一定社会背景下个体的行为和心理,从而在表现社会问题的同时,对人性也进行深入的开掘;当然也可以反过来讲,表达在一定社会文化影响和挤压下人性的变化。周大新很好地继承了托翁的这一传统,因而成为一位反映社会现实、记录时代变迁、揭示社会问题的优秀作家,同时也是一位善写人性,特别是善于写女性的优秀小说家。周大新曾说:"一部书只要把主要的女性角色写好了,这部书就有了黏合剂,就能使书的各个部分紧紧地黏合起来,使书具有了引人阅读的魅力。"①由此可见,他着力书写女性完全是一种自觉的选择。事实上,在书写女生的时候,周大新并非设定完全让人物服从于其社会属性或服务于社会性的主题,而是让这些人物特别是其中的乡村女性,依自然属性自由生长,从而使他笔下的人物焕发出别样的魅力。这一点又与他喜欢的沈从文颇为相似。

《汉家女》是周大新众多军旅题材中短篇小说中最为突出的一篇。作为反映军营生活的小说,作品并没有把重点放在对所谓军人特质、使命等内容的表现上,而是重点表现了一个女军人作为一个自然女性的性格特征,包括形成这种性格的文化背景和由这种

① 周大新:《看遍人生风景》,河南文艺出版社 2014 年版。

性格导致的行为方式。汉家女有其大胆泼辣的一面，甚至性格中也有因为急于摆脱贫困而导致的自私狡黠，但她内心深处有着更为宽阔深邃的善良，有在关键时刻担当的精神。这部短短的小说之所以获得成功，在于把这些看似不协调的东西很好地融合在了一起，很好地塑造出了一个真实、自然的女性形象。

《走出盆地》中的邹艾可能多少带有一些汉家女的影子。当然，作为一部长篇小说，作品以更大的篇幅描写了盆地女性对命运的抗争，以及她们通过改变自然以求最终改变盆地的理想和奋斗。如果说《汉家女》更多描写的是一个从盆地走出来的女性的自然状态的话，《走出盆地》则更多表现了社会现实对人性的挤压和伤害。汉家女的那些行为尽管从政治层面讲是不当的，但她从未对他人造成实际伤害，她的性格中其实并没有真正的瑕疵；而邹艾的抗争与奋斗中，则有着有意识的欺骗和对他人的伤害，应该说是有瑕疵的，这是理性对人性伤害的具体体现。因此，如果说《汉家女》更多表现的是一种沈从文式的自然的理想的状态的话，《走出盆地》则有着明显托尔斯泰式的通过女性剖析社会和人性的特征。

《屠户》描写的是屠户家的女儿珠儿因未婚夫在战场上牺牲后而毅然生下所怀孩子的故事，简单看是一曲对忠贞爱情的颂歌。实际上，作品所开启的是周大新对女性爱情、婚姻悲剧书写的序幕。周大新此后一系列的中短篇小说，如《香魂女》《蝴蝶镇纪事》《向上的台阶》《世事》《银饰》等，基本都以女性爱情的悲剧性命运为基本主题。

《香魂女》描写的是郜二嫂、环环婆媳两代人不幸的婚姻和命运悲剧。作品以朴素的笔触，不仅深刻地揭示了不幸的婚姻带给她们的屈辱感，以及她们内心生出的仇恨心理，更重要的是，作品通过贫困对女性命运的影响，对男权文化进行了深刻反思。在此后的不同作品中,周大新着力对造成女性爱情婚姻悲剧命运的原因进行了多方位的探索。《蝴蝶镇纪事》《向上的台阶》描写的是两位家庭出身不好的女性豆荚和姁姁对纯洁爱情的追求、奉献与牺牲,作品以此对极“左”路线对人性的摧残进行了深刻的反思。同时,作品也对男女不同的爱情观进行了深入的思考,从某种意义上说,可能正是男性对爱情之外诸如权力、地位、金钱、名誉等东西的追求,使女性在不同的时代会因为不同的原因而遭受伤害。如果说前面这些作品所揭示的造成女性命运的悲剧都有相对明确的原因的话,《世事》中四婶莜儿的遭遇则显示出在世事变迁中人的命运之难以捉摸、无法把握,呈现出一种更为宏阔的命运感。而《银饰》中碧兰的悲剧,则缘于封建观念对人性的压抑,是从自然爱欲与社会伦理的角度对女性爱情和婚姻悲剧的深入开掘。

《第二十幕》是一部描写 20 世纪中国民族工业发展历程的长篇小说,这类史诗性的作品通常会把男性作为描写的重点,尚达志就是周大新在这部作品中着力塑造的一个人物形象。但在作品创作之初,周大新就期望通过作品搭设起一座座人性的花园,呈现出一个个灵魂的标本,为此,作品在塑造一批为实业、权力、知识等奋斗的男性的同时,更是发挥其擅写女性人物的特长,塑造了像盛云纬、曹宁贞、王文蕊等成功的女性形象。《第二十幕》基本延续了周大新以前中短篇小说中对男性的认识,为了事业,爱情、亲情、友情都是可以牺牲的,而男性的这种观念又进一步给很多女性带来了悲剧。尚达志深爱盛云纬,但为了他的祖业,爱情可以牺牲,女儿可以牺牲,孙子的梦想可以牺牲,在他复杂人格的背后,我们看到的是中国 20 世纪复杂的政治、经济、文化关系。盛云纬一生深爱着尚达志,欣赏他执着的创业精神,却又对他的无情带着深深的恨意。作者通过盛云纬很好地揭示了人物内心世界的复杂性,使之成为一个内涵异常丰富的人物形象，从而很好地通过她个人的命运悲剧表现了20世纪这个复杂的时代。整个20世纪，中国社会经历了来自经济、政治、文化等各方面的巨大变迁，其中还有相当长一段时间处在战火的笼罩中，栗丽、草绒、绫绫、宁贞等众多善良的女性，性格各不相同，却都因不同的原因承受了巨大的精神磨难。仔细分析这些女性形象就可以发现，周大新其实是要通过这些女性以不同的方式，去除掉权力、金钱、文化等给人性中带来的恶的成分。比如曹宁贞甘愿为理想而牺牲；栗丽希望通过性和血缘，以伦理的方式弥合信仰之争和权力之争。她们要努力使人性还原到作为人本身的自然纯真状态。同时，周大新也在积极探索通过佛教、基督教等宗教方式来抑制人性中的恶，比如草绒就是在基督教中找到了心灵的安慰，并努力以此使丈夫也放弃恶念。由此可以看出，周大新笔下的女性形象，实际上是对被权力、金钱等污染了的人性之恶的对抗和抵制，女性是对自然人性的张扬，代表着原始的生命力，有着对服从于社会属性的男性法则的矫正作用，因而都闪耀着人性的光辉。

周大新对女性有特别的理解、认可和偏爱，他尤其依恋女性意识中的母性情怀。他曾说："出于我对女性形象的偏爱。我认为在男女两性中，男性从事的破坏性活动多，女性则是柔和的，包容的，从事的建设性活动更多。因此，我对未来人类社会发展中女性的作用看得比较重。如果一个社会不断地呼唤母性，保养它，它就会变成社会深厚的营养，然后反哺社会。我希望把女性的这种东西呼唤出来。"①因此，在周大新看来，人性得到救赎、社会得到改善的途径，就是要通过女性善良、倔强的人性之光的照亮。《湖光山

① 周大新：《反思乡村的命运》，《京华时报》2008年11月5日。

色》里的暖暖同样是一个闪耀着人性光辉的女性，她身上所闪现的这种光辉，或者毋宁说是类似于老雨果所表现的那种人道主义的光辉。暖暖是一个对自己的情感生活有着明确追求的女性，她走出盆地掌握了知识，但怀着改变家乡落后面貌的愿望回到家乡。在回到家乡开展商业活动的过程中，她看到了过度商业化带来的负面影响，虽经历过精神、肉体的磨难以及爱人的背叛，但暖暖最终却努力用超越现实恩怨和情感的方式化解一切。从中可以看出周大新对社会现实的深度思考，他在看到乡土文明无可奈何崩溃的同时，又积极用理想主义的方式期望使坍塌的一切得到拯救。这是周大新对于女性从自然和人性角度赋予的美好愿望。

《21大厦》表现的是乡村伦理与城市法则的对立。小保安和地下二层的打工者丰嫂、余太久、崔发等因来自农村，寄居在城市“很难见到阳光”的角落中，主人心态的丧失使他们带有明显胆小怕事、自卑怯懦的性格特征；而对成功的渴望，又使他们行事不择手段，凶狠计较。但是，这些离开故土进入城市的人，却仍然保持着互相体谅、有福同享、有难同当的温情和亲情，保持着人性的优美和崇高。相对而言，生活在高层的城市人却对物质生活有着难以遏制的追求，情感丧失，互相倾轧和欺骗成为生活的常态。周大新的很多作品其实都有一个共同的主题，即表现经济生活和社会变迁对人的内心世界以及人性产生的影响。《21大厦》表现的即是在现代世界中来自城乡不同人的精神世界。在这些作品中，周大新一方面表现了农村人改变自身命运、拥抱现代社会的渴望，另一方面又表现了现代社会对人们固有美好人性的戕害。周大新所表现的这对矛盾其实也正是他在当下社会变迁中自己内心的矛盾。

作为一名军旅作家，思考战争、描写战争可以说是职责所在。

周大新同样在思考战争，思考战争对人的伤害，但他更在思考人，他要把人放在战争这个特殊的背景下进行更深入的表现。《战争传说》的特别之处在于，他思考战争但不直接描写战争，他写战争对人的影响，写的是仇恨、阴谋、情欲、人性这些与个人存在密切相关的东西，这就与传统的战争小说大异其趣了。虽然不直接写战争，但对战争的思考其实更深刻，对人性的表现也更深刻，作品通过一个普通的女性，揭示了战争的发生与人性中的权力欲望的密切关系。就这部作品而言，周大新是在历史的缝隙处进行开掘，这才是小说应该做的事。

《预警》普遍被作为谍战小说看待。但与一般谍战小说不同的是，这部小说没有把描写的重点放在惊心动魄的故事和让人脑洞大开的机变上，而把重点放在了对人物内心世界的描写上。这与周大新一贯注重开掘宏大社会背景中人物性格和内心世界的做法是一致的。《预警》的整个故事基本上是围绕孔德武内心的矛盾冲突展开的：潘金满利用人性的弱点，不断为孔德武设置各种陷阱。比如美女方韵的诱惑，就利用了孔德武作为人之常情的爱美之心和他助人为乐的情操以及军人的正义感。这里我们看到，人类那些高尚、正义的情操和信念，同样是可能被利用以服务于邪恶目的的。至于潘金满安排对孔德武及其家人的诸如股票贿赂、资助孩子留学到后来的道德要挟等，无不是对其人性的考察，是欲望与理性的博弈。最后，在孔德武身上，人性的光辉也闪耀了出来，使他最终做出宁可牺牲自己的名誉、地位等也不能牺牲国家利益的决定。

而《曲终人在》作为一部反腐小说，则与当前流行的反腐小说、官场小说大异其趣。这部作品很好地表明了周大新写作的着力方向，他总是努力通过不同的社会事件和人物，从人性的角度去探索事物发展变化的根本原因。欧阳万彤并非一个完人，周大新并没有回避他人性中复杂幽暗的成分，也描写了他多年来对魏昌山发展的谋略，其中自然也包含着他的私心，但在根本的问题上，在为社会发展、为百姓做事等根本问题上，欧阳万彤是令人敬仰的，他无疑是寄托着周大新社会理想的人物。

周大新通常被认为是一个善于书写善的作家，他也确实把大量笔墨集中在对善的歌颂上，但这并非是他对恶缺乏认识。从他的整体创作来看，周大新对善的歌颂正是建立在对恶的认识和抵制上。1995年，他专门撰写文章谈写作的意义，认为作家写作的根本目的就是“人类的日臻完美”①。能够在认识到恶之后而能以宽容之心对待它，并努力以善来引导它，这才是真正的大慈悲情怀。

## 文学探索与文本表达

尽管大家基本把周大新看作一个带有理想主义倾向的现实主义作家，但周大新的写作却并非局限于传统现实主义描摹现实的写作模式中。实际上，周大新在小说创作过程中，对文本表达不断进行着自己的思考，并持续寻找、探索新的有效的表达手段。应该说，对于小说创作，周大新有着清晰的文本意识，新的表现形式一直是他小说创作探索的一个重要方面。在《卡尔维诺的启示》一文中他明确谈道：“卡尔维诺用他的创作实践告诉我这个文学上的后来者，你要想成为一个优秀的小说家，你就一刻也不能停止向前寻找，寻找的东西主要是两个：一个是新的表现形式，另一个是新的

① 周大新：《为了人类的日臻完美》，《海燕》，1995年第2期。

表现内容。”①

象征是周大新小说创作中使用最为广泛的一种表现手法，他的大多数长篇小说和很多中短篇小说都是如此。象征在文学表达中有着广泛的运用，不论是中国古典文学还是西方文学，象征都有着绵长的运用史，甚至说它与文学的发展相始终也并不为过，因为从本质上讲，象征确实与文学自身的表现特征有着内在的一致性。但周大新对象征手段如此厚爱，我以为与20世纪拉美文学的影响有着密切的关系。20世纪80年代，以马尔克斯为代表的拉美文学传入中国，迅速以迥异于中国新文学特别是“十七年”至“文化大革命”时期中国文学的表现特征，征服了广大刚踏入文坛不久的作家，中国新时期文学的代表性作家，特别是“五零后”作家，几乎没有不受其影响的。周大新文学创作走上相对成熟的道路，正在此时。所以周大新对文本的重视，对象征手段的执着坚持，应该都与此有关。当然，影响周大新的肯定不止于拉美文学，俄罗斯文学早期对他的影响不用赘言，欧美现代主义文学也应该对其有着重要的影响。这从他在众多散文、随笔中谈到的作家、作品就可以清楚地看出来。

其实深入分析的话，不仅是周大新，也包括其他作家，几乎每一篇文学作品都可以分析出其中的象征意味。但这种泛象征主义的解释是没有意义的。周大新对象征手段的有意识使用，我以为可以从他在《走出盆地》等作品中引入神话开始，当然实际可能更早。《走出盆地》引入了三则神话，并贯穿在整部作品之中，与描写现实的内容构成内在的互文关系，是一种现实的隐喻。可以说，三则古老的神话是南阳人的宿命，是其现实生存和奋斗精神的象征。

① 周大新：《看遍人生风景》，河南文艺出版社2014年版。

稍早于《走出盆地》的中篇小说《伏牛》即引入了南阳关于牛的传说和对牛的崇拜，并作为人们生存处境的象征，对作品主题的表达发挥了积极作用。而典型象征手段的使用在中篇小说《步出密林》中则表现得更为充分。《步出密林》以原始森林象征人的现实生存环境，对人与自然的关系进行了深入的思考和表现。《步出密林》整体象征手法的使用，应该存在魔幻现实主义影响的痕迹。其实，问题可以进行更简单的理解，“步出密林”即“走出盆地”，是周大新表达现实主题的象征性表述方式。

如果说以上这样的作品在总体上使用了象征手法，局部的、具体的象征在其作品中可以说比比皆是。比如《铁锅》中反复被打碎又重铸的铁锅作为人类面对灾难生生不息的象征，《银饰》中黑云里的黑色幽灵、《泉涸》里的白黑手、《老辙》中的怪火等作为命运的象征等等，都是用具体的象征物来表现作者对人类命运的深度思考。在周大新最重要的几部长篇小说中，象征手法同样被反复使用。比如，《第二十幕》书名本身就是20世纪中国社会的象征。作品中，“方格网”是一种图腾式的象征物，象征着自然规律、人类命运。其他如炫目白光的出现、恐龙蛋的排列等同样具有各自的象征意义。而《21大厦》则是21世纪社会现实的象征，作品中“展翅欲飞的雏鸟”形象反复出现，成为当今社会现实和大众心理的象征。《湖光山色》则描写了楚王庄边水面上的“迷魂三角区”，其中升腾的雾气同样成为人类现实及命运的一种象征。象征手法的运用，不仅强化了作品的主题，更重要的是它使作品的叙事张力明显增强，并带有一丝神秘感，增强了作品的内在意蕴。

复线叙事是周大新结构长篇的重要方式。其第一部长篇小说《走出盆地》引入了三则神话，并作为与现实故事推进并行的线索贯穿了整部作品。周大新最重要的长篇小说《第二十幕》，则是三条线索交织并进:主线是20世纪中国民族工业发展的历程,副线是纠缠始终的权力斗争,另一条线索则是追求自由的知识分子的精神史。《21大厦》描写的是生活在大楼上下两个阶层的生活,作品以小保安的视角展开,进而使城市人和打工者的生活得以平行展开。复线叙事对于周大新来说是重要的结构长篇的方式,同时他对这种方式的认识和把握又是不断推进的。统观周大新的小说创作我们可以发现,早期的小说写作,他基本走的是写实的路子,用全能视角线性展开故事。之后,随着20世纪80年代先锋写作的兴起,周大新也自觉接受了新的写作观念,开始有意识地探索新的创作方法和技巧。他的探索首先是从叙事视角的变化开始,他这一时期的作品,已不再采用全能视角线性展开叙事的方法,而是第三人称、第一人称、多重视角、内外视角都有所使用,使作品的表现力大为增强。

应该说从这个时候开始,周大新对小说创作开始有了明确的结构意识,而且由此开始对小说新的表现形式的探索从未停止。在先锋小说兴起时,先锋作家对文体的重视基于故事,而此时的周大新开始重视文体但并不放弃故事;后来先锋小说退潮,多数作家开始拼写实、讲故事能力的时候,周大新仍然不离故事持续坚持着文本探索。

纵观周大新的小说写作,他对文体结构探索的脚步从来未曾停止。他的第一部长篇小说《走出盆地》,不仅全书引入神话作为辅线,更是以一步、两步、三步来结构作品。虽然现在看来这种做法多少显得有些生硬,但可以看出周大新创新文体结构的用心。再比如他1993年在《作家》第10期发表了一篇名为《14、15、16》的中篇小说,以几个阿拉伯数字做标题,对周大新这样性格的作家来说,肯定不能仅仅用搞怪吸引眼球来解释,它显然表明了周大新对文体表现的思考。此后的小说创作,周大新对文体结构的把握渐趋自如,不同作品不同的文体结构都能很好地为作品主题服务,比如《第二十幕》中多线索交织平行展开的结构,就增强了作品的厚重感和史诗感。《21 大厦》则以小保安的视角展开叙事,使各种互不相干的人很好地联系在一起,并使不同文化背景的人的行为方式和观念在巨大的反差中得以更好地表现。其他作品的结构同样讲究,《预警》分"上阕""下阕"两部分,前者写现象,后者揭谜底,使小说充满悬念,非常可读。《湖光山色》则以"乾""坤"命名上下两卷,两卷又各分为水、土、木和金、火、水三部分,既是中国传统文化的体现,又很好地以"水"勾连起上下卷。《安魂》则以干支纪年的方法排列 30 个章节,既是主人公生命的时序,也代表了作者对轮回中生命的思考。《曲终人在》则以采访手稿的方式展开叙事,在反腐小说已经类型化的时候将此类小说写出了新意。

总而言之,周大新是一个有着明确社会责任感和担当意识的作家,努力反映社会变迁和重大社会问题,是他写作的重要出发点;在作品的具体表现中,他坚持对人性进行深度探索,并以理想主义精神坚持对善的张扬和追求,以期对人类发生积极意义;在文学表现上,他对文学性的探索和执着富有成效,对一个以现实主义写作著称的作家来说,其文本表现形式的丰富性,着实令人惊叹。

# 张宇:小说不是大说

张宇是个聪明人,以小说《活鬼》而成名,大家后来就叫他“活鬼”。

《表演爱情》是张宇继《软弱》之后推出的又一部长篇小说,是其“公检法三部曲”的第二部。作品发表后在社会上反响很大。

按照李佩甫的说法,张宇是“顿悟”型的作家,他的成功不是靠“苦修”得来的。张宇的写作可以说是出手不凡,一开始即以其对人物的深刻理解和对性格的生动刻画而为人称道。之后受先锋写作的影响,他也赶过一段时髦,写了《晒太阳》《疼痛与抚措》等作品,居然也像模像样,很受关注。后来,他搞房地产,搞得很像回事;搞足球,把建业足球队升到了甲 A,就是后来的中超。之后,他再写作的时候,和以前就有了很大的不同。杨东明说张宇是有了明显的大众意识,开始降低姿态,写作不再扎架势了。

张宇有个主张:“小说不是大说。”这是张宇对小说的个性化思考,为的是把小说从政治的亲密关系中疏远开来,从意识形态工具中剥离出来,为小说减负,不承担革命文学的责任,不承担主流意识形态附加给文学的东西。张宇认为“小说就是小说”,这比较符合中国古代的小说观念。从《疼痛与抚摸》之后,张宇真正把小说写成“小”说,它不一定有意思,但一定要有意味,要是有人味的、有私密性的、有神秘感的、不足与外人道的、鲜为人知的、大家心照不宜的、他有所发现的故事。

《疼痛与抚摸》之后，张宇转向了《流水落花》《软弱》《表演爱情》，这与余华在《呼喊与细雨》之后转向《活着》《许三观卖血记》的做法类似。其共同点都在于重新对讲好故事空前重视，而放弃了以前曾非常看重的形式方面的东西，余华称这种写作是“避重就轻”。的确，对于一个小说家来说，讲故事可能是一项最基本的技能，很多所谓先锋作家最致命的问题可能就在于讲不好故事。降低写作姿态，这个问题与艺术质量没有关系。小说写作其实经历了一个不断降低姿态的过程，以前作家俯视生活，创造了史诗和英雄；后来作家平视生活，创作出了现实主义的作品；再后来作家爬下来仰视生活，产生了反讽作品。张宇降低姿态，贴近平民的选择没有错，但他目前的写作姿态需要实实在在地降下去，真正贴近人物、贴近生活，而不是对创作本身过于随意和放松。

张宇给人的感觉是对什么都不在乎，他自己也经常表达他干什么都是“玩”的态度。实际上，不老实的张宇有着老实的一面，对于写作还是很认真的，对于他要做的事，还是总想干好的。张宇很聪明，但他总是要让大家感觉到、认识到他的聪明，这可能是他这个聪明人不太聪明的一点。

# 郑彦英:财富旋涡中的灵魂救赎

郑彦英曾多次写到在中国改革开放进程中由赤贫到一夜暴富的特殊群体,如《石瀑布》等,但从未有一部作品如《拂尘》(人民文学出版社 2007 年版)这般如此深刻地倾注了作者对人生、社会的认识和理解。

财富在当今中国社会受到了前所未有的追捧,金钱似乎成了衡量人生价值的唯一尺度。在《拂尘》中我们看到,赤条条暴死在裸体妓女身边的石大龙被安葬在烈士陵园,享受着和为党、为国捐躯的革命先烈一样的荣耀。作为一种象征,它意味着当今社会对人生意义与价值的判断已彻底完成了转型,完全接受了金钱这个衡量尺度,昔日被认为错误甚至反动因而受到狂批的"谁发家谁光荣,谁受穷谁狗熊"的观念已成为被全社会广泛认同的人生信条。当全社会都在谈论财富、追逐财富的时候,我们看到不管是出于了解真相的好奇、学习效仿的动机或是维护正义的良知,大家对财富的来源、现状及去向等都怀着相当浓厚的兴趣。当前,诸如富豪第一桶金如何获得、其"原罪"是否应被赦免以及家族企业如何发展、今后的走向等,都是广受关注的重大社会问题。而《拂尘》正是一部直面并深入揭示这些重大问题的长篇小说。

在财富成为社会最重要关键词的时代,关于财富的文学作品自然有很多,比如大量所谓的财经小说以及表现大公司运作情况、白领或富翁生活的虚假庸俗的小说。在这些作品中,读者不可能看到对财富的追问与反思,看到的只是对财富的炫耀与追捧。文学应该如何面对财富当今这个十分重要的问题,并做出自己独特的有意味的深刻表达,《拂尘》做出了大胆也相当成功的尝试。

关于财富的来源即资本原始积累的问题,肯定有很多惊心动魄的故事可以大书特书;关于财富的运转如现代资本运作的情况,也有很多匪夷所思的故事令人叹为观止;关于财富的去向,即完成原始积累的创富者如何分配财产的问题,也会有很多令人荡气回肠的故事。所有这一切,让那些具有所谓“史诗意识”的作家来处理,肯定会展开他们的宏大叙事,拿出皇皇数卷的鸿篇巨制。但郑彦英对这个题材的处理却更为巧妙,他有效地将这个描写当今重大社会问题的故事以悬疑的方式展开,以较小的篇幅完成了对此重要问题的追问和揭示,并使作品具有了极好的可读性。这部作品围绕金矿老板石大龙离奇暴亡所引发的一系列事件展开,通读整部作品,读者会始终为一系列谜题所吸引,如:石大龙究竟是如何死的?他是否死于一场阴谋?谁是阴谋的制造者?他巨额的遗产将如何分配?遗产继承者之一是否就是谋杀者?儿子推荐给父亲的女同学如何离奇地在故事中出没?她如何从同学倾心的对象变成了父亲的情人并生下了可参与遗产分配的孩子?在她的背后究竟隐藏着怎样的秘密?她将如何发难?这些谜团从作品的开始到结尾,一个个不断出现,使整个故事变得错综复杂、扑朔迷离、悬念丛生,从而特别引人入胜。无怪乎李佩甫会称这部作品“是一部以死写生的作品,是发问之作”;责编王干会认为这部作品“以悬疑推理的方式写残酷的现实、复杂的人生,突破了传统文学套路,是郑彦英的一个小小的创新”。

然而,如果仅止于此,这部作品充其量只是地摊上热销的带有情色意味的悬疑传奇故事。我觉得从本质上说,《拂尘》其实是一部拷问人生、探究灵魂的发问之作,作者在努力为我们揭示“茂密而纷繁的生活”外表下现代人被财富遮掩、笼罩的“洒脱、高尚、贪婪、臭恶并存的灵魂状态”,集中而深刻地描绘财富追逐者的生活和心灵世界。正如郑彦英自己所说:“写这部小说的初衷是想让人们在物欲横流的时代,能够停下来思索一下:在金钱的旋涡中如何让自己的灵魂高尚起来?”也正因此,这部作品才显示出了其文学上的价值、意义以及作家的社会责任感。

郑彦英是一个善于刻画人物的作家,他不时会用一些出人意料又完全在情理之中的细节来表现人物的性格,令读者产生震惊以至惊悚的感觉,从而把人物的性格推向极致。他的这种表达,甚至会让人觉得人物如出墙的红杏突兀地伸到了作品之外。雷达曾这样描述过郑彦英的这个特点:“特别专注于观察人和描写人,对单个人的兴趣超过了对环境的兴趣,这未免显得过于孤秃,但也往往因此被引领到某个深处,促成某种‘发现’。”在《拂尘》中,主要人物石大龙、雨辕、长鹊声自不必说,其他如母亲、小米、铁锁、二枪以至铁牛、连大三、殡仪馆化妆师、小妓女等,也都有鲜活的细节使人物性格显得特别的鲜明。

石大龙是《拂尘》的核心人物,但他在作品开始的时候已经死去,他的形象是在别人的转述和追忆中逐渐丰满鲜活起来的。石大龙是资本原始积累的完成者,是由赤贫快速暴富的典型。关于他的发迹,《拂尘》描写了这样一个细节:陷入倾家荡产边缘的石大龙,为了获得开矿的资金,把年仅 12 岁的亲生女儿带到宾馆,让女儿拿着叫了三声的鸡,刺了鸡三刀。石大龙接着问吓呆了的女儿,刺的时候鸡叫了几声,女儿嗫嚅着说没几声,石大龙说他数得很清楚,叫了十三声。然后,他又一刀刀刺鸡。还差四刀的时候,鸡死了。石大龙说死了也不行,一定要刺够十三刀,于是又接着刺鸡。然后石大龙告诉女儿,他下面让她干的事,无论是什么她都必须顺从,不能哭,不能叫,否则就像这只鸡一样。于是,女儿被送给了银行行长,让其任意玩弄,石大龙因此获得了贷款,开始发迹。马克思说:"资本来到世间,从头到脚,每一个毛孔都滴着血和肮脏的东西。"《拂尘》用这样一个小小的细节,把资本原始积累阶段血淋淋的罪恶、财富的"原罪"深刻地揭示了出来;同时,也把石大龙这个人物的狠毒、残忍、不择手段刻画得入木三分。此后,灵魂被金钱完全遮蔽笼罩的石大龙,动用一切合法与不法的手段,聚敛了大量的财富,成为远近闻名的亿万富翁。然而这样一个作为恶的化身的石大龙只是一个扁平的人物,随着故事的展开,《拂尘》为我们拨开金钱的笼罩,让我们触及财富遮蔽着的坚硬灵魂中那片柔弱的地方,使石大龙的形象丰满起来。其实在石大龙的内心,一样有着对美好事物的追求,一样有着对真情的渴望,甚至不惜为真情放弃他的财富和生命。"我有了恁多钱,一个多亿,我却丢了一般人的感情,我活得还有啥意思呢?"石大龙的这个追问,让我们看到了人物情感、心理世界的复杂性;也让我们看到,即使在人们普遍追逐财富的时代,幸福感的获得也并不完全在于财富的多寡,在人的生命中,金钱之外还有更为重要的东西,比如真情。

《拂尘》的男主角是石大龙的儿子,他正如其名字一样,具有深刻的两面性。作为雨辕,如诗意的名字一样,他有着温情、善良的一面;作为石金山,这个由他父亲命名的名字,昭示他承载着父亲的基因,依然残存着贪婪、残酷的恶的一面。姐姐小米的遭遇,让雨辕对财富的原罪有了真切的认识,从而对财富带着仇恨,此时的他,表现出的是善良、重情、富有同情心和责任感的一面,所以他会真心地帮助长鹊声。然而,当面临自己的财富可能被分割的现实时,他内心中恶的一面开始显露,动起了陷害、谋杀自己曾倾心爱慕的女人的念头,甚至已付诸行动。作品通过石雨辕这个人物让我们看到,在人的内心深处,其实有很多微妙的东西,从而使读者对人性的复杂性有了更为深刻的认识。在石金山这里,财富同样不能为他带来快乐和幸福,相反,为他带来的是姐姐入狱、母亲发疯的痛苦现实。于是,在对亲情的认同与回归中,雨辕完成了灵魂的救赎。

其实,不管是石大龙还是石金山,灵魂的真正救赎者应该是长鹊声,这是作者苦心经营、认真塑造的一个人物。在此之前,李佩甫曾在《城的灯》中塑造了刘汉香、在《等等灵魂》中塑造了上官云霓这两个女性救赎者的形象,并因其带有强烈的理想主义色彩而受到广泛称赞。《拂尘》中的长鹊生同样是这样一个理想主义的救赎者。对于石大龙,她以自己的能力、真情,甚至自身的献祭,完成了对他的灵魂救赎;对于石金山,她以自身的坦荡、真挚和社会责任感,完成了对他的救赎。在长鹊声的身上,寄托着作者全部的理想,聪明、漂亮、能干、富有爱心和责任感等一切美好的东西都集中在她的身上。财富正如一柄双刃剑,既可以带来罪恶,更可以造福人类。长鹊声努力以自己的学识和眼光来创造财富,掌握着财富却不为财富所累,而是要用财富去造福一方。尽管长鹊声与石大龙的结合有真情作为基础,但她启动资本的获得毕竟是以做事实上的"二奶"得到的,这似乎寓意财富"原罪"的不可避免。然而,在郑彦英的笔下,长鹊声仍然代表了对待财富的理想方式:不为财富所累,让财富为社会造福。也许,金钱的漩涡会如沙漩一样吞没一切,但作为一种理想,它永远值得我们期待!

所以,拨开财富的迷雾,让灵魂闪出理想的光芒,这就是我所理解的《拂尘》的基本主题。

# 李佩甫:坚忍的探索者和深刻的思想者

李佩甫的创作是与中国新时期文学一同起步并延续至今的,在30多年的时间里,每个时期他都有重要的作品问世并产生一定的影响。但是,由于各种各样的原因,李佩甫一次次与中国的顶级文学大奖失之交臂,他也一直没有得到与其文学成就相当的重视与评价。全面考察李佩甫的创作历程,认真解读李佩甫的文学作品,会使我们对他的创作有更深入的认识和更正确的评价。我相信,随着时间的推移,李佩甫作品的价值终会得到正确认识,并在文学史上占据其应有的地位。

李佩甫不是天才型的作家。那些才华横溢的天才型作家随便拿个故事都能讲得津津有味,而且常常是形式感极强,使人惊艳。李佩甫的成功是通过一天天、一年年的坚持,在不断思考和探索中苦修得来的。面对不断变化的社会生活,李佩甫没有像很多天才型作家那样,回避社会生活的复杂性和疑难点,着意通过新颖的表现形式、出人意料的视角或惊心动魄的故事情节吸引读者,他一直坚持以正面强攻的姿态面对社会生活并努力做出有深度的艺术表达。李佩甫有散步的习惯,每天晚饭后,他都会一个人在大街或小巷中长时间地散步,这差不多是他在写作之余唯一的锻炼方式,而这段时间也是他集中思考的时间。在回答《中华读书报》记者舒晋瑜的提问时,李佩甫曾这样描述他的散步习惯:"很多个晚上,我穿越大街小巷,像狼一样在各个街头徘徊,想写好作品,想找好素材,想找好方向,这种状态持续了很多年。"①一年一年的积累,他对中国社会的变迁、对人性、对命运等问题都有了自己独特的认识,对小说这种文体的表现特征也有了自己独特的认识。我想,也正是这样一种对文学的执着、对艺术的坚守、对社会的思索,才成就了李佩甫,才使他的作品有了难得的厚重与深刻。

## 全面记录时代经验

小说是时代经验的记录。当然,所谓时代经验需要通过处于时代变迁中的个人经验进行表达。在很多评论家的笔下,李佩甫通常被归入乡土作家的行列。实际上,在30余年的写作历程中,李佩甫作品所涉及的范围涵盖了从20世纪50年代到当下、从农村到城市、从田间地头到工厂兵营、从底层小民到政界高层、从一般工人到商界精英、从贫困穷人到资本大鳄等各种人物、各个方面,可以说相当全面地记录了中华人民共和国成立以来各个时期的经验。

李佩甫的创作始于20世纪70年代中后期,目前所知他最早的作品发表于1978年第1期的《奔流》,这一年他共发表了《青年建设者》《谢谢老师们》等3个短篇小说。他也因此从工厂调入市文化局开始从事专业创作。但李佩甫真正显示出文学创作上的才华是在他1986年发表中篇小说《红蚂蚱,绿蚂蚱》之后。紧接着,

① 舒晋瑜:《李佩甫:上网写字不能叫创作》,《中华读书报》2012年4月25日。

他在《小说家》发表了长篇小说《李氏家族第十七代玄孙》①。1990年发表中篇小说《无边无际的早晨》《画匠王》,1992年发表中篇小说《豌豆偷树》。此后,他尽管也创作了不少曾引起一定反响的中短篇小说,如1996年发表于《青年文学》并被《新华文摘》转载的《学习微笑》以及当时以中篇发表后来被补充进《李氏家族》的《败节草》等,但他主要的创作精力开始转向长篇,先后创作了《金屋》《城市白皮书》《底色》②《羊的门》《申凤梅》《城的灯》《等等灵魂》《生命册》等长篇小说及《颍河故事》《难忘岁月——红旗渠故事》《红旗渠的儿女们》等电视连续剧。

1978年,李佩甫发表《青年建设者》《在大干的年月里》《谢谢老师们》等作品时,还是一名普通的工厂工人。此时尚是改革开放的前夜,尽管批判"文革"各种错误的思想开始积聚发酵,但文学创作基本沿袭着"十七年"以至"文革"期间形成的模式向前滑行。李佩甫此时的创作关注的是他身边的普通工人、老师,作品回荡的自然是对这些普通劳动者歌颂的旋律。其实,此一时期和李佩甫一样开始创作的作家还有不少,他们的创作无论在思想上还是在艺术上也都处于大致相当的水平。后来,不少人转而从事了其他行当,而李佩甫则执着地坚持了下来,并在不断的探索中取得了越来越大的成就。

20世纪70年代后期的创作,对李佩甫来说最重要的意义在于,凭借这几篇小说,他得以离开工厂,先是在许昌文化局工作,后

① 《李氏家族第十七代玄孙》单行本于1999年由百花文艺出版社出版,改名为《李氏家族》;长江文艺出版社于2001年6月也出版了同名版本,把其中篇小说《败节草》的内容作为一条线加了进去。

② 《底色》是根据其描写工人生活的电视剧《平平常常的故事》改写而成的长篇小说,1997年由河南文艺出版社出版。

来又调到河南省文联,从事专业的文学工作和创作。在 1985 年发表《车上没有座位》前,李佩甫已创作发表了《小小老百姓》《有这样一个厂长》《夜长长》《憨哥儿》《二怪的画》《多犁了一沟田》《我们锻工班》《十辈陈铁事》《小城书柬》《青春螺旋线》《蛐蛐》《森林》等作品。从这些作品名单可以看出,他此一阶段的创作除表现他工人生活的作品外,也有一些描写农村生活的作品,但比例很小。应该说,此一时期他基本处于摸索阶段。在 80 年代思想解放和西方文艺思潮的影响下,李佩甫的创作渐渐走向自觉,开始形成自己的风格。在经过一个时期的摸索之后,1985 年,李佩甫开始把目光聚焦在了"平原"。"1985 年是他极其困惑的一年,他感到随'流'写作的没底,后来他找到了他的大平原,他说:'找到了那平原,我就不害怕了。'"①于是,李佩甫迎来了他的第一个创作高峰。

1985 年,李佩甫发表了《小小吉兆村》,这是他有意识书写平原的开始。1986 年 1 月,中篇小说《红蚂蚱,绿蚂蚱》于《莽原》发表,这篇以表现乡村中人性真善美为主要内容的作品,写得清新质朴,是一曲对平原大地的悠扬颂歌,成为李佩甫早期创作的代表作。

1986 年,李佩甫的第一部长篇小说《李氏家族第十七代玄孙》在《小说家》第 5 期发表。受当时寻根文学思潮的影响,这部作品把笔触伸向了平原乡村遥远的过去,着力通过一个家族的变迁,描写几代人不同的命运,特别是在商业大潮的冲击下,金钱和权力对数百年乡村伦理、文化的改变。

1988 年,他的第二部长篇小说《金屋》在《当代作家》第 6 期发表。在这部作品中,扁担杨村外出打工的杨如意回到村中,在村头建起了一座现代化的小洋楼,"它像怪物一样竖在人们眼前,躲是

---

① 刘海燕:《来自平原的声音——李佩甫论》,《莽原》,2005 年第 5 期。

躲不过的,只要有阳光的地方就能看到它,它简直把一个村子的光线都收去了"①。这座"金屋"作为一个象征,成为平原大地的异数,代表着商业社会对农业社会的冲击。

1989年,李佩甫的《送你一朵苦楝花》在《莽原》第3期发表;1990年,《北京文学》第1期发表了他的《无边无际的早晨》,同年他还有《黑蜻蜓》《画匠王》《村魂》3个中篇发表;1991年,《小说家》第2期发表了他的《田园》;1992年,《长城》第4期发表了他的《豌豆偷树》。此外,他创作的同类作品还有《乡村蒙太奇》《满城荷花》《红炕席》《带锯痕的树桩》《天眼》等,至此,他关于平原农村的中短篇小说创作基本告一段落,除1998年应《十月》之邀创作并于第5期发表了的《败节草》。

这些作品描写的基本都是变革时期中国农村社会的现实,以感恩的姿态表达对土地的热爱,是李佩甫此一时期的作品基调,也正因此,作品时时显露出对于冲击乡村文化与传统的金钱与权力的批判锋芒,并有了厚重的底气和深沉的意蕴。而此一时期李佩甫着墨最多的正是处于城市与乡村、现代与传统挤压中的人物,作者带着深刻的理解与深沉的爱描写他们在变革时期的生存状况与奋斗历程,揭示在时代变迁中人们的挣扎与无奈,这些人物也因此被塑造得立体、圆满、鲜活、生动。

可能正是因为李佩甫对土地的这份情感、对农村生活的细致表现,很多人都把他看成一个农民出身并主要写农村题材作品的作家。实际上,李佩甫出生在一个工人家庭,在经历了几年短暂的知青生活后就进厂当了工人。写农村题材的作品也并非他着意的选择。他说:"许多年来,在我的创作意识里是没有题材概念的,我

① 李佩甫:《金屋》,《当代作家》,1988年第6期。

只是在回忆中写作，在写作中回忆。这是一个缓慢的认知过程，不是要翻题材的'山'，而是在掘生活的'井'。平原，我是指记忆中的'平原'，一直是我创作中需要一次次重新认知的'大地'，是我创作的源泉。"①所以，李佩甫着意选择的并不是农村，而是"平原"，是"平原"上生长的一切，包括传统的农业形态，也包括她的现代化、城市化进程，当然从根本上说是这片土地上形形色色人的生存与生长，包括其中不少人各种各样的逃离和回归。正因如此，李佩甫作品的表现范围得以大大拓宽。

1995 年由人民文学出版社出版的《城市白皮书》在李佩甫的整个创作中显得相对突兀。在创作了大量表现农村生活并以此获得广泛关注之后，李佩甫把目光转向了城市。这部几乎完全描写城市生活的作品，选取家庭这个社会细胞，主要描写了李佩甫对城市的内在感受，着重表现了在现代化进程中城市面临的各种问题及对人们内心的影响。这是李佩甫全面关注并处理城市经验的第一部重要作品。

在此之后，李佩甫重新回到他的"平原"。1999 年，《中国作家》第 4 期以"特别推荐"的方式全文刊出随后由华夏出版社出版的《羊的门》，是他对这片土地及土地上生长的植物和像植物一样生长的人的最深刻、最具价值的书写。根据李佩甫在《羊的门》扉页上用《新约全书・约翰福音》的一段话给这部作品做的题记②，

---

① 舒晋瑜：《李佩甫：上网写字不能叫创作》，《中华读书报》2012 年 4 月 25 日。

② 《羊的门》引自《新约全书》的题记是："……耶稣对他们说，我实实在在地告诉你们，我就是羊的门。我就是门。凡从我进来的，必然得救，并且出入得草吃。盗贼来，无非要偷盗、杀害、毁坏。我来了，是要叫羊得生命，并且得的更丰盛。"

我们可以这样理解:“羊”就是作品所描写的广大民众,或者说“人民”,也就是芸芸众生;而“羊的门”就是“耶稣”,在《羊的门》中,“羊的门”可以说就是呼天成,或者说呼天成自认为自己就是“羊的门”。正因此,我们从呼家堡这个小小的村子中看到了整个中国和它的历史。呼天成仅仅是一个村子的首脑,而我们从他的身上看到的却是带着农民意识和中国传统君权思想的一些领导人的影子。这部作品也因此显得更具穿透力和包容性。对于这部塑造了一个“国中之国”呼家堡和一个“东方教父”呼天成的作品,李洁非称其“是一部改变了五十年来中国乡土文学面貌的作品,一部前所未有地演绎和再现了‘封建集权主义’的特质的作品,一部对于当代中国史有着百科全书式的意义的作品”。①

2003年,《城的灯》由长江文艺出版社出版。此时,李佩甫已经确定了创作“平原三部曲”的想法,《羊的门》《城的灯》是其前两部。与《羊的门》相比,《城的灯》表现的生活面显然更为开阔,它在一个更为宏大的视野里描写了农民由农村走向城市的精神史,很好地把握了大的社会趋势。同时在这部作品中,李佩甫用很大篇幅写了他此前作品从未涉及的部队生活,而且写得真实而生动,是其作品表现范围的进一步拓宽。在与周百义的对话中,李佩甫谈到了《城的灯》相对《羊的门》的拓展,他说:“就《城的灯》这部小说来说,它的不同,首先在于‘城’的出现,‘城’的诱惑。写的是‘逃离’和‘建设’。如果将《城的灯》与《羊的门》相比较的话,前一部是客观,而后一部更多的是主观;前一部诉说土地的沉重,后一部则是‘植物’(人)的精神成长史。”②

---

① 李佩甫:《羊的门》,华夏出版社1999年版。

② 周百义:《李佩甫:我一直在研究“土壤”》,《中国文化报》2003年3月20日。

在大家都以为李佩甫会一鼓作气完成“平原三部曲”第三部作品的时候，李佩甫转身将目光对准城市，创作了《等等灵魂》，于2007年1月由花城出版社出版。这部小说将整体背景转移到了现代都市，整个故事基本围绕商战来写。小说在现代背景下，围绕商业竞争这个金钱、权力角逐的主战场，深入描写了人性的挣扎、畸变和追求，并发出了召唤灵魂回归的深情呼唤。单从作品的表现范围而言，这无疑是李佩甫作品题材范围的又一次拓展。

到2012年，李佩甫终于完成了他“平原三部曲”的收官之作《生命册》，作品在《人民文学》发表并由作家出版社出版。《生命册》是快速转型的中国当下经济文化社会的真实写照，作品的表现范围更是有了极大的拓展。小说以一半篇幅描写了以普通的中原村庄无梁村为代表的中国农村自五十年代大集体、三年自然灾害、“文革”以及改革开放至今城市化进程日益加快的发展变迁，全面描述了乡土中国几十年来的变化。作品的另一半篇幅以主人公吴志鹏在城市的生活、工作经历，对改革开放以来中国城市的发展变化进行了全方位的展现。作品通过吴志鹏这个从农村走出来的知识分子的经历，对知识分子、文化人在商品经济大潮中的沉浮做了准确的描写；通过吴志鹏与骆驼的合作，对国企转制、实体经济的发展、资本经济的运作以及官、商、媒体、金融等各个方面的相互关系等有着很好的表现；通过与吴志鹏各种各样的关联，描写了如传销、官二代、艺术家、上访户等各种各样的社会现象和人物形态。作品把两位主人公的活动背景放在这几个当下中国最为现代化的城市，更好地表现了与乡土中国相对的另一面。当然，作品也有对二三线城市以及县城的描写。如此一来，当今中国社会的各个层面在作品中就有了非常全面的表现。不唯如此，《生命册》还对中国传统农业经济的社会形态、文化形态、大众心理有着全面的反映，对自改革开放以来中国的现代化进程及现代经济运转的社会形态、文化形态、大众心理同样有着深刻的反映，同时对大众心理以及人性有着深刻的揭示。这部作品对整个平原各种风土人情、地理环境及各色人等的生动描写，对都市芸芸众生相的精彩描摹，使之成为一种描绘当代社会生活的百科全书式文学作品。因此，称《生命册》为当代中国社会的全息画卷毫不夸张，可以堪称迄今为止全面、准确、深入反映当代中国社会变迁的最好的作品，就反映当代中国社会生活的广阔度而言，也少有作品可与之比肩。

由此我们可以看到，李佩甫作品的表现范围几乎涉及中华人民共和国成立以来社会生活的各个方面，对中国半个多世纪的时代变迁做了真实的记录和精彩的表达。实际上，李佩甫还有不少优秀作品未被纳入他的创作谱系进行研究，比如描写下岗工人的中篇小说《学习微笑》、描写国企改革的电影剧本《挺立潮头》、描写由旧艺人成长为戏曲表演艺术家的长篇小说《申凤梅》等，如果把这些作品纳入研究范围我们就会看到，李佩甫作品表现范围之广在当代作家中应该说是很少有人可以企及的。

## 深入思考时代变迁

小说作为个人经验、时代经验的记录，当然不仅仅是讲好某种时代背景下一个或一系列故事那么简单。好的小说应该是在故事的讲述中，通过构成这个故事的一系列事件，表达出个人经验、时代经验的复杂性；同时，要通过这一系列事件内在的因果关系，使读者对这种经验有所体悟，亦即为这种经验赋予解释，这种解释就是作品内在的思想性，就是作者的历史观、价值观。

通读李佩甫30多年来创作的一系列作品，我们可以清楚地看到，他确实是一个不倦思考并使自己对社会的认识不断深化、思想一步步深刻的作家。应该说，李佩甫对中国社会变迁和人物命运的思考已经达到了相当的高度。他因对国民性格、国民精神的深入剖析，某种意义上堪称是继承鲁迅精神最好的作家。

李佩甫早期的创作，包括多部中篇和几部长篇，作品侧重于描写变革中的乡村现实，此时作品的基调是对土地的挚爱。也正因此，此时的作品描写了农民的纯真、善良与美好，表达了对于改变乡土传统的商业与金钱的拒绝与批判。他的第二部长篇小说《金屋》集中表现了其此一时期思想观念，对金钱对人性的伤害、对物质主义的泛滥进行了有力的批判。这种批判精神在此后的创作中也一直得到延续，以至于后来的很多文章都把李佩甫称为“批判现实主义”作家。

1995年，李佩甫把目光转向城市，创作了《城市白皮书》。这部写城市的作品，通过揭示家庭这个细胞的病变，透视了几十年来社会变化的历史，其中依然隐藏着李佩甫对土地深深的眷顾，因而把城市看作一个病态的社会，始终秉持着坚决拒绝和批判的态度。从某种意义上说，《城市白皮书》还带有某种站在农业文明的立场上批判城市文明的意味。但在坚决批判城市病态的同时，作品并没有表现出末世的悲观或绝望，作品最后给孩子施洗这个情节，清楚地显示出李佩甫用精神追求、灵魂来拯救社会的意图。在之后的创作中，这一点得到不断发挥，堕落与救赎成为他中期创作的一个基本主题。

《城市白皮书》之后，李佩甫重新把目光转回“平原”，创作了使其获得广泛声誉的代表作《羊的门》。与之前的作品不同，《羊的门》对于土地及生活在这片土地上的人民，不再一味地唱赞歌，而是进行了深刻的反思。《羊的门》写出了一个“国中之国”，塑造了一个“东方教父”的形象。但《羊的门》虽然主要写的是作为“教父”或救世主的“门”，关注的却是其治下百姓的“羊”，向读者充分展示的是“羊”赖以生存的土地。不只是在李佩甫这里，在中国新文学的整个作品谱系中，“人民”总是勤劳、善良而伟大的，而那些凌驾于“人民”之上的特殊人物以种种恶劣的方式对“人民”进行奴役、剥削和压迫，因此对这些特权人物必须予以批判。《羊的门》让我们看到，问题的出现其实与“羊”自身的问题直接相关，有必要对“羊”本身、对“羊”生存的土地——问题产生的历史根源和现实基础进行深刻的反思。正是在这个意义上，这部小说才显得更为厚重。因此，《羊的门》具有一种前所未有的穿透力和巨大的包容性。这部作品在展现“门”“羊”及其生长的“土地”的过程中，穿透、超越了对具体事件的描绘而直接深入到绵延数千年的中国传统文化的根源和现实的政治基础中，因而具有很强的思想性。

作为“平原三部曲”的第二部作品，《城的灯》没有获得像第一部《羊的门》那样的广泛赞誉。但是，这部作品在中国新文学史上是具有突破意义的。在中国新文学特别是革命文学的发展史上，贫穷一直作为光荣的象征被赋予正面的意义，而《城的灯》则审视了贫穷的负面、阴暗面，对贫穷的毒与恶进行了深入的拷问，表达了“贫穷产生罪恶”这样一种社会思考。以前，我们总是把乡土、田园视作理想的生存环境，甚至是精神家园。但长期以来农村的社会现实告诉我们事实并非如此。李佩甫的作品，特别是《羊的门》和《城的灯》有一个共同的主题，就是深入剖析土地与人的关系，他把这比喻为土壤与植物的关系。《城的灯》中老梅关于“树”，特别是盆景的一段论述，讲的就是环境对人性的扭曲。通过作品我们看到，所谓“田园牧歌”只不过是文人的幻想。长期以来，农村自然的、政治的、经济的、文化的种种因素及其所造成的持续的贫穷，对人性是一种极大的戕害，使人性被扭曲，自私、冷漠甚至残忍成为一种普遍现象。而当今农村的现实环境，特别是贫穷对人性的摧残，很容易使人性中恶的一面表现出来。所以目前绝大多数农民其实都有一种逃离的心态，甚至不惜为此付出巨大的代价。对于冯家昌逃离过程中表现出的无情、自私等人格，甚至不能称之为恶，而只是一种现实的生存技巧和手段。《城的灯》用大量的篇幅讲述的就是冯家昌及其周围许多人逃离的故事，它触及了当今中国社会城乡二元对立的现实，并对此做了很好的表达。很可贵的是，《城市白皮书》中那个已经出现的拯救主题在此被清晰地呈现了出来，成为这部作品的一个重要特点。因此，《城的灯》在“逃离”之外其实有一个更重要的主题——“回归”。冯家昌等人拼命逃离的结果是进入了城市，但现实的城市并非人间净土，与农村相比它一样充满了罪恶。那么人世间是否存在一方净土，或者说精神家园在哪里呢？《城的灯》通过刘汉香这个人物向我们讲述的是一个寻找并回归精神家园的故事。而且相对来说，“回归”是《城的灯》的根本主题。《城的灯》的内在结构可以和《圣经》相比，它们都是关于逃离与回归的故事，都是关于受难、拯救与复活的故事。在上梁村，刘汉香可以说出身高贵，她的受难完全是自觉的。而刘汉香得知被冯家昌抛弃，进城而后返回的经历，其实是一次精神上的死而复生。然后，刘汉香自觉承担起了拯救者的责任，并成为一名殉道者。所以，刘汉香就是基督的现代化身，就是“城的灯”，照亮了人们回归精神之城的道路。这样具有宗教情怀的作品，在当今的中国社会中很有现实意义。

《城的灯》之后，李佩甫暂停了“平原三部曲”的写作，完成了描写商战的作品《等等灵魂》。应该说，在此之前，李佩甫的作品在人性的描写上已经非常深入了，他总是努力把人物的性格往极致上推，他对生活在中原文化背景下的人的精神和性格的揭示已经达到了无人能出其右的境界。《等等灵魂》写的是一个商业帝国的建立和坍塌，但延续的依然是“堕落”和“救赎”的主题。李佩甫多次表述过这样的看法，当人们从物质的匮乏中走出之后，精神问题就显得更加突出，社会上会有越来越多的人患精神疾病。所以，他的小说要关注人精神上的失落，要写人的精神成长史，他提供给读者的就是这样一部“精神病相报告”。李佩甫此前的两部主要作品——《羊的门》和《城的灯》——名字就来自于基督教的《圣经》[①]，这表明他这一时期的创作明显有一种宗教情怀作为支撑。所谓宗教情怀并非是对于某种特定宗教的笃信，它只是表明，作家在有意识地追问人的存在的终极问题，关注的是人的精神问题，对人的终极关切成为他关心的重点。在《等等灵魂》中我们看到，不只是任秋风，苗青青、江雪、邹志刚、老刀、胡梅花、胡跃进及郭老大、老千、薛行长等，都在贪婪地追求着权、钱、色，都处在“从本质向生存转化”的“堕落”过程中。从这个角度说，尽管李佩甫一次次写到与权力相关的故事，但真正让他感兴趣的并非权力本身，而是人何以会如此追逐权力，人性中何以因此生长出恶的东西。李佩甫也没有就此止步，他在努力寻找一条救赎之路。作品中，上官和小陶就提供了对抗“堕落”的道路，那就是“信”。从这个意义上讲，《等等灵魂》是李佩甫思想上更趋成熟的一部作品。在《城市白皮书》中，他更多还是站在农业文明的立场上以审视和批判的眼光看待城市，因而看到的都是负面的东西，所以才有“城市病了”这样先

① 《城的灯》的名字来自《新约全书》的一段话：“那城内不用日月光照，因有神的荣耀光照，又有羔羊为城的灯……”

验的结论。在《羊的门》中，他通过一个村子向我们展示了"羊"——芸芸大众和"门"——统治者及其生长的土地，促使我们对问题产生的历史根源和现实基础进行深刻的反思。这两部作品更多体现的是作者的社会批判意识。与《羊的门》相比，《城的灯》有一个突破，就是作者开始努力寻找出路，让刘汉香以自身的牺牲化身为"城的灯"，照亮人们回归精神之城的道路。但《城的灯》的下半部，可能主要是在这样的宗教情怀的支配下完成的，在现实生活中，作者其实并没有找到一条解决问题的出路，所以显得不够扎实，现实感不足，多少显得有些飘。而《等等灵魂》在这一方面就做得非常成功，它在看透了人性的弱点、人类生存处境的无奈之后，仍然以美好善良的情怀包容世界，并力求以自身的绵薄之力努力改变世界、消除人性中丑恶的东西。不像刘汉香那样具有宗教殉道的意味，小陶和上官尽管也像刘汉香一样"信"，但她们选择的是从实实在在的小事做起，开个花店，把美好的东西带给人间，开个书店或到山区支教，以文化民，遏止人性中恶的充分发育。应该说，如何对抗人性的弱点，如何消除人性的丑恶，如何使世界更为和谐美好，《等等灵魂》提供了一条更为现实的出路，它使我们在无神的年代，依然能"信"，能从身边具体的事物中发现生存的意义，能够在内心有种坚定的力量去对抗堕落，留住灵魂。回顾李佩甫的创作可以看出，自《城的灯》以后，其作品越来越让人感到温暖，让我们在人性的黑暗中看到了光明的生长，在对人类存在处境无奈的绝望中看到了希望的孕育，显示出了一种博大、宽容的情怀以及善良、美好的愿望。

在此之后，李佩甫终于推出了"平原三部曲"的压卷之作《生命册》。其中，吴志鹏这个"背着土地"在都市行走的知识分子，不仅是自 20 世纪 50 年代以来 50 多年社会生活的亲历者、观察者，同时也是一个深入的反省者、追问者。也正因此，《生命册》不仅是 50 多年中国广阔社会现实的真实写照，更是由乡村进入城市的一代知识分子的心灵史，是国民精神的透视图谱。吴志鹏吃百家奶、百家饭在农村长大然后通过读书走进城市成为一个现代知识分子和成功商人的成长经历，正是当今中国迅速城市化的社会现实的一种隐喻，李佩甫对平原的持续书写因此显示出了重要的意义。“平原三部曲”的基本主题是土壤和植物，即在一定文化土壤和社会环境中人的生存状态及生长可能。《羊的门》描写的是一个“东方教父”的成长，重要的是这部作品重在探究封建集权形成的土壤，对“人民”进行了深入的反思，因而又被称为“人民批判书”。《城的灯》则重在探究生长的方向，作者以浓重的理想主义色彩塑造了一个“圣母”式的人物刘汉香，以期帮助我们找到回归精神之城的道路。这部作品改变了过往“金钱是万恶之源”的庸常思维，对贫穷，特别是精神贫穷，进行了深刻反思，揭示了贫穷对人性成长的巨大伤害，可以说是一部“贫穷批判书”。《生命册》则更为宽阔、更为本真、更为质朴，它更贴近我们的生活经验，更贴近现实的生存环境，它对如何过上理想化生活的思索与追问和每个人的内在精神追求高度吻合。堕落与救赎或受难与拯救一直是李佩甫小说创作的重要主题，也是基本的内在结构方式。到《城的灯》，作者将这个主题与这种结构方式推向了极致。但这样的方式无论在现实中还是写作中都遇到了极大的困难，以至于刘汉香只能走向死亡成为一个“殉道者”，而刘汉香这个理想人物形象也多多少少显得有些虚幻。《生命册》则重新回到坚实的土地上，走进了真正属于中国人的内心世界当中，努力从中国现实的土壤中，从中国人现实的生活经验中，探究人类追求理想生活过程中的建设与破坏，寻找“让筷子竖起来”的方法。《生命册》较之前两部书名的改变，其实是表明李佩甫放弃了过去的思维方式和结构方式，转而以中国化的方式来理解时代和人生、探究人的可能性和命运的奥秘。因此,《生命册》可以说是李佩甫为中国最近五十多年来时代与人生撰写的新《易传》,传达了作者对时代变迁中众生命运、人生秘局的参悟心得。描写在某种文化土壤中人的生长,一直是李佩甫创作的一个重要着力点。《羊的门》关注的是权力文化,描写了集权人物在特定环境中的生长;《城的灯》关注的是人性,揭示的是贫穷对人性的伤害;《生命册》关注的是"土壤",揭示的是人性的丰富性、复杂性与可能性。总体上说,李佩甫的这些作品,剖析了自20世纪50年代以来在广袤的中原土地上、在政治斗争的旋涡中、在喧哗与骚动的都市中奔走的各色人等的灵魂状态。《生命册》在以浓墨描绘时代变革中知识分子的生存现实与灵魂状况的同时,把笔触伸向普通群众,不仅通过共同养育孤儿等细节写出了他们的纯朴与善良,更通过他们对待梁五方、虫嫂等人的行为写出了普通人的恶,揭示了人性中幽暗的一面。这种普通人的恶、平庸的恶的存在,使新的极端恶行随时可能出现。《生命册》从文化根部来思考这些曾在历史上出现并可能还会在未来出现的极端行为,无疑具有重要的意义。同时,《生命册》中包括吴志鹏在内的很多人,在进入城市的过程中,渐渐成为"漂泊者"和无根之"树"。这种描写表达了在迅速转型过程中,作者对文化遭受破坏、精神家园丧失、建设与破坏相伴的现代化进程的忧思。

自20世纪90年代中期以来,简单写实的倾向大行其道。这种写作在叙事上降低难度,在精神上取消向度,似乎把故事讲好,讲得离奇刺激,就是写作的全部。李佩甫的创作,坚持以理想光芒照耀下的批判精神来透析社会、透析人性,对时代变迁进行深入思考和表达,体现出了一个专业写作者应有的责任感和担当精神。

## 持续坚持艺术探索

在谈到中原作家群的时候，以前评论界常用的一个词是“慢半拍”。因为在形式探索盛行的80年代，河南作家很少能领风气之先，显示出这方面的才华，这其中应该也包括李佩甫。但是，如果仔细考察李佩甫的创作，就会发现，李佩甫其实是一个文体意识极强的作家，只是他很少为形式而形式，为创新而创新，他总是把形式的创新与内容的厚重结合在一起，稳扎稳打地将作品的艺术性、思想性一起向前推进，表现出一种难得的大气。

在30多年的创作历程中，许许多多的评论家在谈到“先锋写作”“现代派”“后现代”等与文体相关的问题时，从不会想到李佩甫，似乎他从来就是一个只会老老实实靠经验写作、用故事讲话的作家。实际上，从写小说开始，李佩甫就具有强烈的文体意识，并在不断地阅读、思考、实践中寻找适合自己的表达方式。

在早期的写作中，李佩甫表现出了对于细节特有的敏感。善于在对人物、事件细致入微的精确刻画中表达自己对人性、人生与社会的理解，是其小说写作的一个突出特点。到1985年前后，李佩甫对小场景、小细节的把握、处理能力已经到了非常娴熟的地步。此时，他开始把目光放远，着手建立大的叙事格局。1986年，李佩甫第一部长篇小说《李氏家族第十七代玄孙》发表，这部作品带有鲜明的“80年代”特色，可以明显看出“寻根文学”“先锋小说”“魔幻现实主义”“新写实小说”等多种思潮的影响，以至于多年后李佩甫在重新谈到这部作品时认为它写得“太碎了”。这部作品中如李二狗坐牢时自言自语的章节，明显带有意识流小说的特点；而作品对于李氏家族遥远历史的追溯,又明显具有“寻根文学”的特点,以马尔克斯为代表的拉美魔幻现实主义的影响也于此清晰地表现出来。尽管我们可以清楚地看到不同流派写作手法对李佩甫的影响,但李佩甫并没有在盲目模仿中迷失自己,他总体上依然坚持了写实的路子,并开始向更宏阔更有历史感的叙事转变,为其以后的创作确定了一个非常好的基调。

李佩甫对文体的思考和探索从来就没有停止过。几年之后,李佩甫将《败节草》作为一条线加进《李氏家族第十七代玄孙》,并改名为《李氏家族》重新出版。从此时开始,复调的表现手法已经深深地潜伏在了李佩甫意识的深处。《城市白皮书》有小女孩和魏征两条叙事线索、《羊的门》有呼天成和呼国庆两条线索、《城的灯》有国豆和刘汉香两条线索、《生命册》有农村与城市两条线索,他的每一部重要作品几乎都采用了复调的叙事方法。

而最能体现李佩甫文体探索精神的则非《城市白皮书》莫属。这部作品采用日记体的形式,通过一个不会说话孩子超能的视角和魏征的现实视角展开叙事,描述了一系列感觉意象,赋予声音以颜色等,将物人化,使小说于荒诞中显出真实,于巧妙中显出深刻,于灵动中显出浑厚。这部作品舍弃对城市现实的具体描写,把它作为一种心理状态予以表现,显示出李佩甫从整体上把握时代与社会的艺术表现倾向。实际上,远在此之前,李佩甫发表于1989年的中篇小说《送你一朵苦楝花》就已经带有明显的理性思辨色彩和自我剖析特征,这些在《城市白皮书》中再次被体现出来,并成为他以后创作的基本特征之一。《城市白皮书》尽管不能说是一部成熟的作品,但李佩甫由此摸索的一些艺术表现手法为其以后的创作找到了很好的表现形式,也为其代表作的创作奠定了基础。比如其散点透视的手法,在《生命册》中就被更好地加以利用,极大地增强了作品的表现力。

经过《城市白皮书》的探索之后，李佩甫终于开始了其代表作“平原三部曲”的创作，推出的就是在各方面都趋于成熟的《羊的门》。《羊的门》在表达上突出的地方在于其语言的张力和充沛的激情。在叙事上，这部作品以历史和现实两条线索交织进行，扩大了作品的包容性，同时也避免了作品的平直和单调。作品正是在这两条线索的交织中，完成了对中华人民共和国成立后几十年历史的描画。与描写中华人民共和国成立前那段历史的《白鹿原》相比，《羊的门》的叙事显得更为智慧，它花费笔墨不多，以隐喻性或寓言式的方式描绘了自中华人民共和国成立后至今的历史。接下来的《城的灯》，同样采取了两条线索交织的叙事方法，分别描写冯家昌和刘汉香的现实与精神历程，依然收到了很好的效果。至此，李佩甫基本找到了自己的小说叙事方法和表现风格。

而作为“平原三部曲”收官之作的《生命册》，在延续其以复调叙事提高作品表达效率的特征的同时，又有了进一步拓展。这部作品浓缩了作者五十多年的成长历程，凝聚着作者的所见、所闻、所思、所想，塑造了一大批遍及城乡各个行当的人物形象，其表达效率之高、表现力之强，当下长篇小说鲜有能与之匹敌者。《生命册》采用的是第一人称的叙事方法，其中涉及的一系列人物和事件，许多并无直接关联，全靠“我”的讲述才被串在一起。因此，整个作品的结构，从横向看呈放射状展开，分写了一个个鲜活的人物及其命运变迁。也许正因如此，李佩甫称这部作品是“树状结构”，即由“我”这个枝干向不同的方向伸展出一个个枝杈。虚拟讲故事现场，“花开两朵，各表一枝”，这种中国传统小说的叙事技巧，在李佩甫这里得到了很好的继承和发扬。《生命册》正是通过“我”的讲述，从乡村到繁华都市，从底层小民到上层高官，从传统农民到现代富豪，从五十前的生活到当下的现实，把形形色色的人物很好地描绘了出来，使作品的生活宽度和厚度得到了极大的拓展。而这种第一人称叙事，在吸收中国传统小说表现优长的同时，并未放弃现代小说的叙事优长，而使二者很好地融合在了一起。从传统小说“说书”的角度看，作品向横的方向伸出了一个个枝杈，故李佩甫称之为“树状结构”；如果按其内在的时间走向和空间转移看，作品的总体叙事脉络非常清晰，即以无梁村为代表来描写中国自五十年代以来农村的变革，以“我”在城市的生活来描写改革开放以来城市的变革，全书共十二章，基本上奇数章节写的是现代经济背景下城市生活的故事，偶数章节写的是传统经济背景下农村生活的故事，到最后一章两条线才合并起来，这样的结构其实是典型的“复调”叙事。《生命册》的这种叙事方式使作者可以以最经济的笔墨从容表现不同时代乡村和城市、农耕文化和都市文化、农业经济与现代经济不同环境中人们的生存现实；第一人称自我言说的方式又可以很好地表达作者的思考和感受，比如他对中国传统命理与时代变迁中人的生命可能性之间关系的思考等，使作品具有深刻的思想内涵。《生命册》的写作，体现了作者举重若轻的叙事功力，其表达方式使作品在表达经验的丰富性和思想的深刻性上都有极好的效果，是真正高效的艺术表达，对中国长篇小说的叙事艺术有创造性的贡献，代表着中国当代长篇小说创作一流的艺术水平。

李佩甫是一个特别讲究语言的作家，语言考究、富有诗意是其创作的一贯特点。在谈到小说创作时，他常说的一句话是：“语言就是思维，过程不可超越。”可见他对语言的重视程度。在过往的写作中，李佩甫湿润、诗意而又蕴含意味、透着力量的语言，甚至多少会给人一丝雕琢的感觉。在《生命册》中，李佩甫保持了他一贯讲究语言的特点，而且表达得更加自然、从容。因为采用第一人称叙事，而且是以重新叙述的方式展开故事，作品的语言因而带有明显的口语化倾向。这使读者阅读《生命册》时可能会觉得语言不如《羊的门》等作品那样富有诗意，那样有冲击力，但这部作品语言的自然从容及由此透出的人物内心的淡定，却是过往作品所没有的。尽管语言较为口语化，但《生命册》的语言仍然极具韵味、极耐琢磨，会让人觉得每一个词的意蕴都是那么的丰富，每一个词似乎都关联着广阔的世界，让人产生无限的联想，作品的意涵也因此显得空前的充沛。

大的方面，在现实主义的框架下，通过总体象征、隐喻这些具有表现主义特征的手法来传达对于时代和人物的总体理解和把握，小的地方，通过贴近现实、精细描摹日常生活中震撼人心的细节等方法来提高作品的表现力，是李佩甫作品基本的艺术特征。因此，李佩甫的小说特别重视细节，几乎在他的每一部作品中，都可以找到许许多多让人过目难忘的细节。比如在《城的灯》中，点心匣子，脚上的蒺藜，地上的枪眼、分鱼、打耳等细节，哪一个不令人赞叹？李佩甫对细节的重视，使他在电视剧创作上也有突出的表现。从《颍河故事》开始，李佩甫相继创作了《平平常常的故事》《难忘岁月——红旗渠的故事》《申凤梅》《红旗渠的儿女们》《等等灵魂》《河洛康家》等多部电视连续剧本及电影剧本《挺立潮头》等，从而以一个优秀编剧的身份蜚声影视界。我们见到过许多作家因电视剧本的写作而使小说创作的表现力大打折扣。但李佩甫在电视剧的创作中，发现了电视剧细节密度高、桥段精彩、情节紧凑的优长，并把它用在小说创作中，从而能够以不长的篇幅、精妙的细节，展现众多人物的命运，如《生命册》就描写了春才、梁五方、虫嫂、杜秋月等一个个人物的命运变迁，使作品的可读性大为增强。

对于李佩甫的创作，一些评论者对其人物形象以至细节的重复使用多有诟病。李佩甫常说："过程不可超越。"这种重复实际上是他不断探索和深入思考这样一个过程的见证。如果以时间顺序阅读李佩甫的作品就会发现，这些重复出现的主题、人物、细节、事件，其实是处于一个不断丰富深化的过程中，这种重复实际上如滚雪球般在不断放大，从而使人物形象更加丰满，使作品内涵更加丰富，使主题思想更加深刻。

作为一个富有责任感与担当精神的作家，在30多年的探索与思考中，李佩甫扎扎实实地稳步推进，以其一系列作品全面、深刻地反映了中华人民共和国数十年的时代变迁，在社会价值、思想价值和艺术价值方面都有新的突破，代表了中国当代长篇小说创作的最高水平。这样的成就单靠文学方面的一点才华和聪明是做不来的，靠的是在历史责任感驱使下不回避艰难、持之以恒的坚持。在和我谈到一些作家的创作时，李佩甫由衷地说："顿悟的最终比不过苦修的。"我以为，这正是他对自己创作历程最深刻的体认，也是值得每个年轻作家记住的名言。

"我还会写，不过会有一个充电期。创作不能太功利，首先要把它变成精神的事情，变成产生快乐的事情，虽然创作在某一个阶段是苦的。"①对李佩甫，我们有理由保持充分的信心和期待，相信他会有更好的作品带给读者更多的惊喜。

---

①　舒晋瑜：《李佩甫：上网写字不能叫创作》，《中华读书报》2012年4月25日。

# 孟宪明:快乐而有意义的写作

孟宪明也许天生就是当作家的料。他是那种看起来其貌不扬,谈起话来却幽默风趣且充满自信,让人愿意倾听的人。这样的人讲述的有意思、有意味的生动故事,当然会引起少年儿童的极大兴趣。所以,他的以城市少年儿童为主人公的长篇儿童小说《双筒望远镜》刚一出版,就迅速受到广大少年儿童的喜爱,并被孩子们评为"中国的文学名著"。孟宪明的儿童文学创作之所以能取得如此的成功,根本原因在于他对儿童文学本质特征有着清醒的正确认识。

## 快乐的

中国目前从事儿童文学创作的人不在少数,每年出版的儿童文学作品数量也异常庞大,但真正被少年儿童喜爱的儿童文学作家、作品又有几个呢?多年来,我们的儿童文学概念其实就是一些与儿童相关的故事,甚至是一些说教。这种成年人眼中的儿童故事,或成年人塑造理想儿童的说教式作品,本身与孩子的天性是相背离的,要想赢得儿童的喜爱几乎是不可能的。

孟宪明在写作之初就清楚地认识到,孩子们需要快乐,儿童文学就是快乐文学。所以好的儿童文学首先应该是"有意思"的,在此基础上最好再使它“有意义”;如果相反,这样的儿童文学就有问题。在孟宪明的心目中,儿童文学不只是关于儿童的,更应该是为了儿童的。甚至于说,只是关于儿童而非为了儿童的文学并不能算作是儿童文学,而真正为儿童写作却非关于儿童的文学同样属于儿童文学。一个好的儿童文学作家首先应该是为儿童而写作的,同时他必须尊重儿童,不只是尊重儿童的理解能力、阅读趣味、审美特点等,更应该尊重儿童的独立人格。

孟宪明不唯以平等的意识把儿童看作是具有独立人格的特殊群体,而且在他看来,相对成年人来说,儿童甚至都是伟大的天才。他说,上帝借母亲的子宫,用10个月的时间创造了一个天才;而我们却用20年的时间把天才改造为一个俗人。对于一个成年人来说,进行儿童文学写作的出发点是要改变自己“俗人”的心态、视角,而要以一颗童心用儿童的视角去看世界、理解世界。只有这样,写出来的儿童文学作品才能贴近儿童的生活、心理,才能为儿童所喜闻乐见。

《双筒望远镜》正是孟宪明这种儿童文学思想的最好实践。该作品属于童年期儿童文学的范围,写的是一对城市双胞胎男孩鲁科、鲁赛及小学中、高年级小伙伴带着无穷无尽的好奇心不断发现问题并用其一知半解的科学知识去努力解决问题过程中发生的生动、美妙的故事。

《双筒望远镜》全书是由一个个生动有趣的故事连缀而成的,故事性强、富有想象力是本书的一个突出特点。孩子们都是非常好奇的,只是随着年龄的增长这种好奇渐渐减少或泯灭了。本书的成功之处即在于作者对孩子们的这种好奇心做了充分的描写并以此满足读者的好奇心。由于作者是站在儿童的立场上观察生活、认识生活、表现生活,所以他总是能展开充分的想象力,以儿童的心理、心态、视角,从成年人司空见惯的事件中,发现隐藏在其中妙趣横生的东西。牛奶掺假、磁性瓜子、激素鳝鱼、最后的雪怪……每一个故事我们都在生活中遇见过,都觉得它平常得不能再平常,但经过作者的叙述,每一个又都那么引人入胜。

语言贴近儿童的身份且充满张力,是本书的另一成功之处。翻开书本,我们到处可以发现这样的句子:“林中幽暗,粗粗细细的枝条像水墨画一样,十分写意地舒展着。孩子们一钻进去,就发现水墨画并不友好,美丽的线条像马蜂一样,时不时扑上来叮你一口。”“静夜空山,鸟噪声像一支支漫山飞射的利箭,让听到的人个个胆战心惊。”如此生动、如此富有表现力的语言,对小学中、高级的孩子来说是完全可以理解的,同时又是非常鲜活且具有冲击力的。

符合儿童的特点,能满足其好奇心,具有丰富的想象力,故事生动,语言充满张力,《双筒望远镜》没有理由不让孩子们感到快乐,没有理由不受到他们的深切喜爱。而作为文学作品,其成功之处还在于它塑造了鲁科、鲁赛、牛正威、丁咚、牛二发等一群有独立思想、个性特点鲜明、形象丰满的儿童形象。

## 现实的

贴近实际、贴近生活、贴近儿童是《双筒望远镜》的又一特点。

就儿童文学的总体而言,童话和故事的比重要大一些。儿童眼中的世界可能是万物有灵的。在儿童看来,小猫、小狗甚至一树、一草,都和自己一样是有灵性的生命,因而大家是平等的主体,所以童话作品广泛受到儿童的欢迎。但对于小学中、高年级来讲,他们初步掌握了一定的科学知识，对自身以及自己身边事物了解的渴望程度也在逐步增加。这时就需要有好的儿童小说来满足他们的要求。但遗憾的是，中国目前的现实是童话作品数量不少，好的却很少；儿童小说数量不多，好的就更少。特别是近年来，随着《哈利·波特》的走红，超现实的儿童小说取得了压倒性的优势。这类小说可以带领读者进入陌生化的幻想世界，带来更多的想象和刺激，因而受到少年儿童的广泛欢迎。但目前这类作品由于过于追求想象的奇特，追求刺激性，导致巫术泛滥，过于荒诞无稽，对儿童带来了一定的负面影响。

此时，有必要倡导写现实生活的儿童小说。它贴近现实生活，写少年儿童身边的世界，反映孩子们熟悉的或急于了解、应该了解的社会生活，可以满足儿童渴望了解自己、了解社会、了解身边事物，满足好奇心，解开自己困惑的需要。这样的儿童小说对儿童的成长有着特殊的意义。因而，《双筒望远镜》在此时的出现就具有了更为重要的意义。

《双筒望远镜》描写的故事就发生在儿童身边，在描写孩子们对外部世界充满好奇的探索的同时，作品还描写了孩子间的友谊、孩子与老师的关系，他们熟悉这样的情节、这样的人际关系，并和主人公有着同样的想法，因而很容易接受和认可。一位郑州的小读者就曾感慨道："孟叔叔，您写的书和我们生活特别像，我们一看就懂而且特别上瘾。"

《双筒望远镜》的这种现实精神、现实品格，使其在作为一个快乐的文本显得"有意思"的同时，又因其对儿童成长具有积极价值而显得"有意义"。

## 科学的

科学精神的张扬是本书的另一个突出特点。

我在前面曾经提及,儿童眼中的世界是万物有灵的世界,或者说在他们看来,万物都有自己的感觉、经验和主体性,这样的世界是一个“附魅”的世界。儿童眼中的世界和早期人类对世界神性的认识是一致的。在人类社会的发展过程中,随着科学的发展,自然的神性和万物间隐匿的神秘力量被彻底否定,也就是说,是现代科学导致了世界的“祛魅”。同样对于儿童来说,万物灵性的消失是随着他们科学知识的增长而出现的。

那么,我们是否真的要为了满足儿童的好奇心和想象力而必须走上超现实以致引入巫术的道路呢?事实当然并非如此,孟宪明的努力为我们提供了一个很好的答案。在他的笔下,科学精神被融入生动的故事当中,随着对科学知识的掌握和认识的深入,世间万物不断显示出它的神奇性,比如假牛奶变蓝、磁性瓜子行骗、神仙妗子捉鬼、钾的燃烧等。也就是说,在《双筒望远镜》中,同样是科学实现了世界的“返魅”。更为重要的是,本书还特别强调了人与自然的和谐、保护自然等全新的科学观。这一切对儿童的成长来说,都是特别有意义的。同时,与时卜流行的如《蜡笔小新》之类的现实儿童作品中所体现的不健康情调相比,本书明显更为健康,对儿童的成长也更为有益。

因此,我们可以说张扬科学精神是本书显得不仅“有意思”而且“有意义”的一个重要因素。

# 杨杰:凌云健笔意纵横

河南作为书法大省,以其“中原书风”而在全国书法界占有重要地位。河南书家众多,不少在全国都有响当当的名头。而在河南众多书家中,杨杰是一个非常重要的存在。她继承了中国书法优秀的传统,路子正,根基稳,同时又能将书法之外的人格学养付诸笔端,我手写我心,从而形成了中正刚健、博大雄强而又峻拔洒脱的书法风格,是中国书法最高境界的现代体现。

## 杨杰书法,好在雄强大气

中国书法,历千百年而不衰,本同而末异,旨近而趣殊,虽代有名家,而风格不同,或精致清雅,或狂狷奔放,或沉稳内敛,或险绝怪奇。风格之形成,有书家气质追求之不同,亦有修养天分之使然。为书而能大气磅礴者,非胸怀宽广者不能,非修养深厚者不能,非博采众长者不能,非久经历练者不能。

雄强大气书法风格的形成,与杨杰深厚的文学修养和人生历练大有干系。在读书时,杨杰已经在当时河南最高档次的专业文学期刊《奔流》发表了短篇小说《老树》,而且在八十年代初就曾被选中和许多国内一流的古典文学专家一起作为《宋词鉴赏辞典》《金、元、明、清词鉴赏辞典》等大型工具书的撰稿人。在此前及之后,她曾发表多篇小说、散文、评论作品,其中散文《金子》曾获福建文学优秀作品奖,多篇散文被转载或收入散文作品集。工作之后长期的行政领导工作经历,也成为她人格修养和人生历练的重要组成部分。这些都对她的书法创作产生了潜在的深刻影响。

杨杰书以势胜。就其诸体书法而言,我以为行草最为可观。她的行草显见碑派之意,颇有康有为、吴昌硕、林散之、陶博吾诸家之韵味。其字用笔沉稳,力道遒劲,足见习颜柳打下的基础和临北碑练就的功底,魄力雄强,古朴峻厚。其篇章布局,多字紧行密,凛然如太行绝壁,陡立千仞,气象峥嵘,给人以凝重博大、沉郁苍劲之感,单以势论,与周俊杰相仿佛。其结体行笔,字内多游丝牵连,顾盼生姿;字间则意连笔断,虽少笔触牵连,但气息贯通,遂有浑然一体、奔腾澎湃之势。这在其前期书法创作中表现得更为明显。杨杰既慕觉斯之书,于巨幅大章上营造恢宏之势,似乎自然而然。而她偶尔信手所书之小札,如"欧阳修书论二则",甚至残纸上的小品,如"但识琴中趣,何劳弦上声",或小诗一首,如"刘禹锡之《春词》",或只言片语,如"围坐松阴日倒影,高歌酒畔客忘情"等,又有帖派意味,现出一种轻松随意来,文人散怀之雅兴尽现毫端。如此一来,杨杰之书法就不仅有了"大江东去"的豪放,也有了"晓风残月"的委婉。从而使其作品显得更有内涵、更为丰富,成就了实实在在的大气。而这一切显然与她性格之养成、人生之历练、文学之修为有着密切的关系,如此才有了胸怀天下、思接千古、精骛八极的境界,运腕行笔才有了磅礴奔腾的气势。

## 杨杰书法,贵在峻拔刚健

中国书法是点画的技巧,更是笔墨的大道。很多人执着于结体的技巧，沉迷于水墨的效果，所孜孜以求者不过是细枝末节，终难入流，到头来不过一书法匠耳。书法之修为，正如庖丁之解牛，要的是由技入道的境界。而境界之达成，由技而不止于技，书家之气质、性情、人格、修为等，皆现于笔墨点画中，从而决定书法的品格。是以有人写字看似行云流水，实则轻飘浮滑；看似姿态万千，实则媚颜无骨；看似别出心裁，实则虚夸无根；看似豪放洒脱，实则夸饰无度；看似质朴厚实，实则失魂无文。所以如此者，看似是书写功力的问题，实则与书家之少坚守而多投机、重书法而轻修养、重技巧而少灵魂大有干系。说到底，中国书法追求的是中正刚健的大道。

杨杰其人，看起来温婉内敛，实则果断干练，是有信仰、重操守的坚毅之人，行之于书，便是中锋入纸，坚定不移，绝不轻佻；运笔果断刚正，行于当行，止于当止，绝不拖泥带水；转折过渡，交代清楚，绝不蔓延盘绕。因而杨杰书法的一个重要特点，就是线条峻拔圆劲、饱满流畅、刚强有力。在早期的书法作品中，杨杰通过涨墨、枯笔的运用，使作品既有金石感又有线条变化，在刚健有力中显出了丰富性。随着书法修为的不断加深，她已不再着意制造那种明显人为的变化和丰富性，而笔力更见雄强、变化更见细微，这是其走向成熟、老辣的重要标志。

## 杨杰书法，妙在流畅自然

中国书法，凡用笔结体，皆须有法度，故亦称法书。师前贤，守法度，是中国书法的基础。离此法度，随意发挥，去野狐禅不远矣。而书法毕竟是一种艺术，是要表达书者的精神与情感的，如果做不到我手写我心,终是匠人。因此,书中要有我,要使笔下的线条中有思想的激荡和灵魂的脉动,要能得古人之致而使先师的思想修为与自己的精神意气相交融。为书贵在自然而然,能做到从心所欲不逾矩,使自己的才情得以淋漓尽致地发挥,则去大家不远矣。

杨杰笔法中正,线条平实,沿中国书法之正途,一步一个脚印一路走来。如果说她早期的作品,得之于笔力劲健、富金石味的话,则略失之于变化较少,难以完全放开。随着对书法体悟的加深,她从米芾、黄庭坚那里领悟到了线条变化的奥秘,作品的变化更加丰富,渐至收放自如,遂有汪洋恣肆之感。相较于早期的字间意连笔断,其后期书法字间牵连增多,如其所书“贾岛《寻隐者不遇》”等,更多了些随意轻松的韵味。同时,她这时的作品从早期的多用渴笔、飞白中走出来,更多些浓淡枯湿的变化,甚至达到了随兴所至的地步,如“杨炯《幽兰之歌》”,墨色多有变化,到最后以极淡笔墨收篇,且各字也攲侧中正相扶持,如“北堂”二字,一正一攲,极是大胆,极其痛快。其后期谋篇,字间行间也不再一味密实以求其势,疏密变化更加自然,虚实处理更加妥帖,每件作品皆随物赋形,随时而变,尽得流畅自然之妙。

## 杨杰书法,胜在厚朴椎雅

中国书法,源远流长,自甲骨大篆以降,历小篆、汉隶而章草、今草,至于行书、楷书,虽一代有一代之书体,一代有一代之风格,但自书法成为艺术,一向尚古、守拙、崇雅,书能得古人遗韵而能有自己风格者,方为上品。

杨杰之为书也,得米黄王铎之精妙,以行草书见长,但唐楷之功、章草之法、魏碑之意、汉隶之韵仿佛可见，于是便在尽情挥洒的笔墨中，显示出雄强的笔力和盎然的古意。杨杰自20世纪70年代还在上初中时即开始学习书法，从颜柳入手，上追二王。大学期间，得名家指点而勤加修习。刚出校门的1984年，适逢中原千人书法大赛举行，杨杰以洒脱峻拔的行书一举获奖，初露峥嵘。到河南省文联工作后，得以近距离接触谢瑞阶、陈天然、张海、王澄、周俊杰等书家，不断学习切磋，书法大进。而对其书法风格的形成产生重要影响的是1985年河南省博物馆举办的中日王铎书法展，王铎尺幅巨大、水墨淋漓的书法作品带给她巨大的冲击和震撼，让她由此喜爱上了王铎书法，开始潜心学习，进而广泛涉猎李邕、米芾、黄庭坚、祝枝山、傅山诸家，博采众长，为己所用，终于形成了自己独特的书法风格。师古人、采众长的努力成就了杨杰，她的书法以厚重朴实而不以轻巧空灵胜，以稚拙古雅而不以清秀妍丽胜。这自然是其人文修养的体现，说到底还是性格的体现。

杨杰是欲为而未为的文人，是未欲而自成的书家。她外表看似柔弱，待人谦恭，实则人生经历丰富，胸中气象万千。她初中未毕业即参加工作，当过工人，做过团干，大学毕业后又一直从事行政工作。很多人以为对于早早即显露出书法才华的杨杰来说，如果大学毕业即开始从事书法专业工作，今日或许有更大的成就；或有人以为杨杰如果坚持在文学创作的道路上走下去，现在早成了成就斐然的作家。我却以为不然，如果没有这番人生历练，如果没有如此的文学修养，杨杰或许早早在全国书坛有了更大的影响，但也许书中会多出些匠气和俗气，未必有今日之大气；或许成了作家，但就少了如此一个气韵生动的书家，以文学修养来滋养书法，不也是一个很好的选择吗？张海在《杨杰书法作品集》序言中称杨杰:"放达与婉约,险峻与平易,纵横与娴雅,矜持与率真,不同的韵律时隐时现,时强时弱,而诗情的流动是一贯的。这种大气的追求和诗的点化,使她一开始就摆脱了为书者书的匠气,而具有一种文化人格的气韵。"此诚有见地之论也。

文人其内书家其外,此杨杰书法所以博大、所以雄强、所以峻拔、所以厚实、所以自然、所以流畅之根本也。子曰:"质胜文则野,文胜质则史。文质彬彬,然后君子。"文质彬彬者,岂非杨杰书法之谓欤?

# 李仲党:牛人

仲党身材高大,而且既有宽度又有厚度,脸上又常常带着笑容,让人一见就有亲切信任之感。当他开口的时候,又显出自己的另一面来,在一个个善意玩笑的背后,内在的幽默和机智喷薄而出。更难得的是,仲党是热心之人,朋友有事找他,他几乎有求必应,从不爽约,而且总能把事情做得很圆满。我喜欢同幽默的人打交道,一个人懂幽默,通常比较机智,交往时就不会有鸡同鸭讲的别扭。但机智的人往往刻薄,像仲党这种既幽默机智又宽厚义气之人,虽不好说是天上尤物,至少也是世间难觅。这样的人,不交是自己的遗憾,交了就对了。

仲党姓李,是河南省音乐家协会驻会常务副主席兼秘书长,这是本职,实的,而他的兼职就多了去了,比如河南省文联副主席,河南省合唱联盟主席,中国音乐家协会理事,中国民主同盟河南省委员会常委,民盟河南省文化工作委员会主任、文化艺术委员会主任,民盟中央艺术团副团长,民盟中央艺术研究院副院长,头衔够多吧?这是社会及专业领域对他的认可。其实这些都不重要,重要的是他是我的朋友,而且还算新野老乡。说算,是因为与我不同,他虽籍贯新野,但没有生长在那里。这些其实还不重要,重要的是,他是一位有才华的音乐家,是国家一级作曲、教授,让人钦佩。当然最重要的,还是他的为人。

没问过仲党，从名字看，他应该行二。反正不管是不是，既然叫了仲党，就“二”一回吧。在中国，行二的牛人很多，且都很受人尊敬。20多年前，我到河南台前县搞“社教”，那里紧邻山东阳谷，就是西门庆爱上潘金莲的阳谷，也是武松打虎、血溅狮子楼的阳谷。在那里，人们见面总是尊称对方“二哥”，从未见喊“大哥”的。喊“二哥”，是敬对方如山东好汉武二郎，喊“大哥”差不多就是骂对方如三寸丁谷树皮头戴绿巾的武大郎了。这是民间的风俗，从雅处说，更是如此。中国的圣人，文圣是孔子，因为笃行“君子不党”，所以不叫仲党，叫仲尼，无知无畏者称之“孔老二”；武圣是关公，桃园三结义，也是排了老二的；医圣是我们的南阳老乡，叫张仲景，同样行二；书圣王羲之也是行二，其父王旷育有二子，长子王籍之，次子当然就是王右军本人了；还有位牛人叫管仲，大孔子近二百岁，是法家先驱，宰相做得好，同样行二的诸葛亮很是敬佩。至于像范仲淹这样行二的，档次低一些，这里就不再多说了，还是说仲党吧。

我上大学的时候，正是现代主义思潮席卷大陆的时代。那时读现代派的理论和文学作品，传统的审美观念顷刻遭到颠覆，有段时间不知怎么就痴迷于研究无对象审美。思来想去，各种艺术形式中，音乐应该是最接近于无对象审美的艺术形式，高高低低的声音组合在一起，就调动起了人的情感，引起情绪的波动，给人审美的享受，这是超越了形下约束带有形上意味的艺术，高！好！于是就找来关于音乐、关于作曲的书读，但终究没读出个所以然来。于是就对作曲家更加佩服，觉得他们只用七个音符就能创作出如此丰富多彩的音乐，太牛了！想想作家，如果只准使用七个字，纵然太白再世、莎翁复活，恐怕也创作不出一篇作品来，不由心下就觉得作家比之作曲家矮了半截。又一想，也不对，传说中国最早的诗歌《弹歌》就只用了七个字：“断竹，续竹，飞土，逐肉。”原来诗乐同源还有这么一解，于是心下稍安。但对作曲家的崇拜之情却未有丝毫稍减。仲党就是个作曲家，还特别有才华，怎么可能不让人佩服呢？

仲党从事音乐创作有30多年了。他能玩大活儿，小活儿做得也精，创作的作品包括交响乐、管弦乐、室内乐、钢琴、声乐、舞剧、戏剧、电视、电影、广播剧等大大小小共计680余部。不仅创作，他还能玩理论，发表音乐理论文章90余篇，让我们知道了“牛”字的另一种写法。仲党之“牛”，还因为他是名副其实的得奖专业户。当年，省委宣传部很为“五个一工程奖”中的“一首好歌”犯愁，委托仲党组织创作。仲党认真进行了组织，创作了一批作品，这些作品不能说不好，差强人意吧。仲党又亲自操刀，创作歌曲，并一举夺得全国“五个一工程奖”。于是一发不可收，《山妞走四方》《邻里歌谣》《春天的声音》《农家车谣》等连续获得第八、九、十、十一届中宣部全国“五个一工程奖”。此外，他担任作曲的广播剧《新来的校长》《山野的风》《叫驴与老汉的故事》《理财组长》连续获得全国第五、六、七、八届“五个一工程奖”。加上其他作品，他获全国“五个一工程奖”的音乐作品竟有11部之多。他还有1部音乐作品荣获文化部“文华”音乐优秀创作奖，2部音乐电视作品荣获全国电视大赛金奖，50余部音乐作品分别荣获国家级奖和省政府奖。人们常说，一个人一生得一次奖不难，难的是得一次大奖；如果得一次大奖还不算难，得这么多次大奖呢？对别人是难于上青天的事，对仲党却不算难。这就是仲党对“牛”的诠释。为表彰仲党对河南音乐事业做出的贡献，2000年省政府特为其嘉奖记功一次，2002年5月又被省委、省政府命名为河南省突出贡献优秀专家。这说的都是仲党的创作，简化为一句话就是：李仲党是河南省作曲家群体中在全国荣获国家级奖项最多的领军人物。我认为这句话概括得很！

我小时候写作文，和大家一样爱写“一花独放不是春，百花齐放春满园”。这是要和大家一起努力、共同把事情做好、实现共产主义理想的意思，按后来的说法，就是共同富裕。仲党就是这样一个有理想的人，除了自己创作，他作为河南省音乐家协会的具体负责人，还积极组织全省的音乐创作，开展音乐教育，把河南的音乐事业搞得红红火火。这些年来，省文联组织的演出活动，仲党常常是具体的操持者。

仲党还是一个讲义气热心公益的人。我们两人都有一个很少写进简介中的兼职：河南省文艺志愿者协会副主席。这个组织主要就是搞公益活动，组织文艺家用自己的文艺才华回馈社会。其实在这个组织成立之前，仲党就主动参加了很多公益活动。多年前，我的一个在地矿系统工作的老乡，想请名家给他们系统的文艺爱好者讲讲戏曲和音乐方面的知识，我给仲党和另一位同事打了电话，仲党二话没说就答应了。结果，另一位也答应了的同事因故未能前去，而仲党放下手头的工作赶了过来，一个人撑下了场子。后来，那位老乡见到我，对仲党赞不绝口。

有才华的人让我佩服，有担当的人让我尊重，有公心的让我敬仰，讲义气的人让我钦慕。论创作，仲党是有才华之人；论对音乐事业的组织，仲党是有担当之人；论对社会活动的支持，仲党是有公心之人；论对朋友，仲党是讲义气之人。这样的人，足让我的敬仰之情如滔滔江水绵绵不绝。如此一个李仲党，他不牛谁牛？

# 刘林：清峻浩大的正气歌

初识刘林先生时，他尚在军中。因为喜爱诗歌和歌词写作，他与文学界的人自然有着更多的共同话题，也就多了些交往。此后在工作与生活中，断断续续读到过刘林先生的一些作品，听到过他作词的一些歌曲，其中令我印象最深的要算传唱一时的《我的大中原》了。这首歌也差不多成为刘林歌词创作的代表作，会很自然地让人形成对他作品大气磅礴、正气昂扬的基本印象。近来，全面阅读了他 20 多年来创作的歌词，我发现他在保持创作基本风格特征和主旋律的基础上，作品有着极强的包容性和丰富性，取材非常广泛，手法也多有变化，应该说是既有黄钟大吕般的激情澎湃，也有小桥流水式的浅吟低唱。

最近，刘林先生把他多年来创作的歌词汇集成册，即我们看到的这本《老焦：刘林歌词集》。尽管歌词创作有其特殊的规律和表现形式，我则倾向于把歌词作为诗歌来看待，这不仅缘于鲍勃·迪伦获得诺贝尔奖的启示，更源于中国古老的传统。在中国的诗歌传统中，诗应该是可以吟、可以唱的，所以才会称之为“诗歌”，歌就是唱。更具体地说，歌词创作其实是宋词、元曲传统的现代延续。从这个意义上来理解刘林的歌词创作，其创作手法、风格特点等就可以看得更加清楚。

和刘林年龄相仿的这代人，一般来说，诗歌启蒙主要来自毛泽东等老一代领导人的革命诗词,然后由此溯及中国古典诗词。其影响表现在诗歌的内容和表达形式两个方面。就内容方面讲,作品更多表现的是对社会现实的外在关切,赓续言志的诗歌传统;就表现形式方面讲,以不是特别注重格律的旧体诗词创作为主。刘林的诗歌创作,在具有这样一些特征的同时,无论从内容还是形式方面讲,都更为丰富和多元,这不仅得益于他对艾青、郭小川、贺敬之等人新诗的阅读,还得益于他对现代主义诗歌的借鉴,比如对食指诗歌的阅读等。

刘林曾创作了不少旧体诗词,四、五、七言均有,有四行绝句,也有长诗。刘林旧体诗词创作的一个重要特点,是对当下最鲜活的生活有着多方面的表现,大到国际大事,小到如眼前即景、所见所历之事、之人等身边小事,皆能信手入诗。这使他的旧体诗词言之有物,富有情趣、理趣。而他的新诗写作,虽然遵从的是现代新诗的审美规范,但明显可以感觉到类似于徐志摩《再别康桥》等作品那样的对形式之美的追求。这与他长期从事歌词写作养成的审美趣味有关。由此看刘林的歌词创作就会发现,其作品显然继续了中国古典诗词的传统,具有古典的美感。因此可以说,刘林的歌词创作是以现代白话的形式使中国的词曲传统得以活态传承。由此也可以看到,刘林的歌词创作与当前歌词创作中出现的大量口水化倾向形成了鲜明的对比,他在表现现代内容的时候,显然从中国古典词曲创作中汲取了营养,从而极具中国特色的韵律之美。

刘林的歌词创作,包括军旅曲、思乡谣、中国梦、听风吟四部分,再加上其诗词创作,总体来讲,我以为可以用正气、大气、浩气、清气来概括。

正气是刘林创作的基本追求。刘林的作品不管是描写军旅生活,赞美中原,唱颂中国梦,还是表达个人情感,总是有着满满的正能量，能给人积极向上的力量。由此可以看出作者自觉为民族铸魂的担当和追求。

大气是刘林创作的显著品格。刘林创作的大量作品均取材于社会关切的人物和事件，更重要的是，作品表现出了作者宽阔的胸襟和情怀，总体上给人以澎湃昂扬之感，显得厚重而大气。即使那些描写平凡小事的作品，也总能从小中见出大来，使咫尺而有千里之势。

浩气是刘林创作的重要特质。也许是长期军营生活的磨炼，刘林的创作不管是表现宏大的题材，还是描写身边的事物，总是呈现出一种浩然之气。任何一个写作者，其作品所呈现的气质，从根本上说都是作者人格的反映。刘林作品所表现出的这种特质，正是作者人格在作品中的体现。

清气是刘林创作的自然韵致。刘林的创作不论题材大小，描写时绝不拖泥带水，读来给人感觉特别干脆果断，因而有一股清逸雅洁之气。特别是一些写平常情景和事物的作品，总能使人感觉作者内在的超然淡定。既积极入世，又能在精神上超然于物外，这使刘林的诗歌能够毫无浊气，因此也就脱了俗气，格调自然高远。这是一种难得的文学境界。

《老焦：刘林歌词集》即将付梓之际，刘林先生嘱我为之写些文字。阅读再三，拉拉杂杂谈了些自己肤浅的感想，重要的是，想以此对刘林先生能于繁忙的工作之余潜心创作的认真态度和执着精神表达敬意，对作品的出版表示祝贺，并权以为序。

## 席保安:沉淀人生,发言为诗

中国是诗的国度,中原是诗的沃土。千百年来,诗歌创作一直在中原大地绵延不绝。杜甫、刘禹锡、李贺、李商隐等这些诞生于中原大地上的伟大诗人,如耸峙的群峰,在格律诗方面取得了令人难以企及的成就。自新文学发端以来,尽管历经变故,但旧体诗词创作一直代不乏人,且作者群和读者群相当庞大。

旧体诗词作者群和读者群分布广泛而分散,使大量作品难以见诸公共媒体,大量作品只在圈子内流传。心有所感,发而为诗,在同好、同道间交流,题赠唱和,或贴在网上供大家欣赏评点,自得其乐。这大概就是当下旧体诗词写作传播的基本模式。《诗大序》在谈到诗歌创作时说:"诗者,志之所之也,在心为志,发言为诗。情动于中而形于言,言之不足,故嗟叹之;嗟叹之不足,故永歌之;永歌之不足,不知手之舞之、足之蹈之也。""诗言志,歌永言,情依永,律和声。"旧体诗词基本是作者抒发内心所思所感而作,这使它有了更为纯粹的文学品格。

河南旧体诗词创作一直非常活跃,其中不仅有在政治、文化、经济等方面取得了巨大成就的中老年诗人,也有不少年轻的新秀。他们以自己持续的创作,使河南旧体诗词创作出现了繁荣发展的大好局面。

席保安先生早年曾进行过小说创作,还被中央人民广播电台领导慧眼相中，并由此进入新闻队伍，成为一名优秀的记者。在记者这个岗位上，席保安先生有着出色的发挥，逐渐做到了中央人民广播电台驻河南记者站的站长，然后又做了河南省新闻出版局的副局长。

从领导岗位上退下来以后，席保安先生重拾起他文学创作的梦想，转而开始旧体诗词的创作。绝大多数中国人都是由诗歌伴随着成长的。在孩子刚刚咿呀学语时，家长就会教给他们一些简单的诗句，然后开始要求背诵。可以说，中国儿童的文学启蒙基本都是从旧体诗词开始的。这几乎成为中国人的文化基因，使之在想要表达自己的感悟、思想时，不假思索地会选择诗词。因此我们看到，一大批老干部退休之后，把很大精力都花在了诗词创作上，并从中获得了很多的乐趣。

席保安先生有着丰富的人生经历，长期的记者生涯又磨炼出了扎实的文字功底。退休以后，他把自己多年来在中原以至全国各地行走的所见所闻所感，把自己人生经历中的友情亲情和人生感悟，把自己阅读史书等书籍的心得，付诸笔端，化为诗句，很快竟有百余首之多，并结而成集，谓之《沉淀集》，大约取人生沉淀所得之意吧。

席保安先生不因我浅陋而弃，以《沉淀集》百余首诗见示，嘱我读后写几句话。我虽一直以文学为业，并专事评论，但所关注者主要是新文学诸文体，旧体诗词只于朋友应酬间偶有唱和，涉猎不深。故自受命以来，每有诚惶诚恐之感，所示诗作虽诵读再三，却始终觉得无从置喙，唯恐唐突佳作。但席公有嘱，终不敢违，遂抖擞精神，录读后随感以复命。知席公仁爱，绝不会弃以浅薄，责以随意。

《沉淀集》收诗一百余题，实际诗作近一百五十首，差不多顶半部《诗经》了。集子中所收作品，一部分是写到各地的见闻，如太行山、大别山、伏牛山等都有所描写。但席诗与一般的山水诗不同，不论是写山还是写水，绝少对自然风光的简单描写，更多写到的是人文，是人在改变自然中表现出来的精神和豪情。更多作品则与其生活和工作密切相关，表达的是作者真切的理解和感悟。比如，席保安先生有着长期的记者生涯，他就用诗作写下了他对理想记者的理解：

学富五车堪为用，春风化雨志趣宏。

采访详尽究喜忧，写作大胆鸣洪钟。

文思泉涌倚马待，见识卓著俗吏惊。

记者志在天下宁，笑斥庸碌丰碑耸。

作品从学养、采访、写作、见识几个方面描写了记者所应具备的知识积累和精神品质，只有具备这样的内涵，才能成为让贪官污吏惊恐的记者，才能实现兼善天下的理想。诗集的最后部分收录了作者35首咏史诗，作品从炎黄二帝一直写到当下，对历史上的重要事件和重要人物进行描写，发表了自己的见解，表达了对先贤哲人的景仰，从根本上说是写出了自己对人类社会发展的理想。通读这些作品可以发现，这些诗作集中表达了席保安先生对价值和意义的追求，对理想和美的歌颂，概言之，表达的是诗人的家国情怀。

席保安先生的诗作，并没有严格按近体诗的格律来写，但从作品于对仗的使用等方面可以看出，作者有着对诗歌精致化的明确追求。对河南人来说，写旧体诗面临的重要障碍就在声韵方面。由于入声的消失，如果用平水韵，只能靠死记硬背；如果用今韵，河南话发音又与普通话似是而非。这些问题对于近体诗的写作来说都是无法绕开的。但这些形式的问题并未影响到席保安先生的写作，他明白，诗要言志，文要载道，诗歌表达的是自己的思想情感。于是，席保安先生放下了不必要的包袱，上溯中国古风、乐府等古诗的传统，不把精力过多地用在声韵的推敲上，而是努力通过作品表达对自然、社会、人生的理解，使作品既见情趣，又富理趣，读来对人生颇多启迪。

其实更重要的不在这里。我以为诗之优劣在此都是无关紧要的，要紧的是，它体现了席保安先生的精神追求和寄托，人生境界也由此而见，他的人生也因此更加充实，更有意义。单此一点，我就觉得是极有意义的。

一元复始，万象更新。2018 年刚刚到来，我用新年第一文来谈席保安先生的诗作，表达对他诚挚的祝贺与祝福，并权以为序。

# 王剑冰:为散文时代立言

散文在中国有着悠久的传统,写作群体也极为庞大。改革开放40年,中国散文在变革、创新中不断蓬勃发展,很多方面呈现出了迥异于中国散文传统的特点,甚至可以说开启了一个崭新的散文时代。正如王剑冰所说:“这二三十年间,中国的散文确实是一个时代的结束,而又是另一个时代的开始。”改革开放40年的散文创作,成就有目共睹,重要性也不言而喻,甚至在整个中国散文发展史上,它也必将因此开创性的贡献而占据无可替代的地位。那么,究竟应该如何正确把握和全面认识这40年的散文创作呢?王剑冰的《散文时代》为我们做了最好的解答。

王剑冰具有多年散文创作的经历,特别是从20世纪90年代初开始,他到《散文选刊》先做编辑,再做主编,在将近20年的时间里,为编好选刊,阅读了大量发表于各种报刊的散文,论散文阅读量之大,放眼全国,鲜有出其右者。同时,这个时期中国散文界所有重要的研讨、评奖活动,他都是亲历者,这更加开阔了他的视野,对散文创作中的创新点、难点、存在的问题等有了更广泛深入的了解。特别难得的是,作为一个有心人,剑冰在这个过程中做了大量的读稿笔记,对理论心得也认真记录,撰写了大量理论、评论文章并在有关报刊上发表。经过多年积累,当他把这些东西整理成册时,我们蓦然发现它已蔚然而成大观,有了重要的史料和理论价值。可以说,全面总结改革开放40年特别是近20年中国的散文创作,以我个人有限的视野看,剑冰可说是不二人选。

《散文时代》对改革开放40年中国散文的流变与发展进行了系统的梳理,对散文创作的成就做了全面总结,对散文的创新点及其影响进行了探讨,对创作中存在的问题进行了深入分析,对代表作家作品进行了重点评介,形成了史的规模。王剑冰散文写作、编辑、评论三位一体的身份使这部著作既带有明显的理论色彩,又有基于创作实践的切身感悟,还有建立在大量阅读新作基础上的对创作现状与走向的准确把握,这也使得该书有了既不同于一般理论著作也不同于简单创作情况概述的独特品格。

《散文时代》最大的贡献在于它全面总结了改革开放40年特别是近20年来中国散文创作的总体状况,突出特点是点面结合,连点成面。作品首先从不同的方面论述40年来散文发展的历程,对文化散文、女性散文、生活散文、先锋散文等分别进行归纳阐述,使读者对不同类型散文在这些年的发展情况有全面深入的了解,并对其中的代表作家、作品进行了精当的点评,对其特点与成就做了准确的定位。而对几届"鲁迅文学奖"散文奖参评作品及1995年后每个年度的散文创作情况的综述,则从纵的方面勾勒出了近20年来中国散文的发展脉络。特别值得一提的是,作者对这些年散文界出现的各种新的创作现象进行了全面的归纳和细致的分析,对散文创作中出现的问题进行了深入的研究,并对散文创作的走向做出了准确的判断,使我们很容易就可以对这些年中国散文的总体情况有清晰准确的把握。像《时代散文的进入与拓展》《时代散文的本质观念》《散文的时代特征》《新时代散文的三次革命》《当代散文话题解读》《正视才能发展——散文创作中存在的问题》等,都是对这些年散文创作时代特点和风格流变的全面阐述。而对于这个时期散文的代表作家、代表作品，作者则进行了深入的解读，对其特点、价值、贡献、地位做出了中肯的判断与界定。

对散文创作理论的进一步拓展是该书的又一贡献。《散文时代》以很大的篇幅对改革开放 40 年特别是近 20 年来散文创作中出现的新现象进行了系统的梳理，并对其进行理论阐释，其中很多方面应该说是对散文创作理论的全新拓展。比如通过作者对余秋雨散文写作的分析，我们发现，由此开启的文化散文写作潮，相对于传统以精短美文为主的散文写作而言，这种大散文可说是对散文文体的一种新的拓展；散文写作的虚构问题曾在散文界引起激烈争论，究竟是否允许虚构、虚构在何种限度内可以接受等等，剑冰在书中做了深入探讨并提出了自己的见解；再如小说描写笔法在散文中的使用，使散文的写作手段得以拓展并增强了其可读性，先锋散文的这种写作手段是否值得提倡，其价值何在……对这些问题的探讨，我觉得是对于散文文体从实践到理论的拓展。剑冰的这些理论探讨，与大量学院派的理论家不同，他不是在进行从理论到理论、从观念到观念的简单演绎，而是建立在对具体作家、作品和创作新观念、新思潮深入解读、分析的基础上，做出的合理的理论升华。《散文时代》全书涉及的作家达数百位，作品达数千种，正是建立在对大量作品深入分析的基础上，他的理论探讨才显得非常踏实、可靠。

最后要说的就是该书的语言和写作风格。这部著作虽然整体上说属于评论和理论的范畴，但使用的却是散文的笔法。作者对相关作品的评论，都是从自己创作实践出发，结合相关理论，而得出的切合实际的结论，因此他的点评、述评都十分令人信服。而该书还有很多篇幅基本可以作为散文来读，我以为这是作者通过描写具体事件中来传达自己对散文的理解和感悟，其实也是在以此传达自己的散文创作观。因此我们可以说这部著作既是散文的史论,也是史论的散文。

总而言之,我觉得《散文时代》确实是关于散文一个时代的概括、总结和阐释,要想了解并把握改革开放以来中国散文的创作状况,《散文时代》似乎是不可忽略的必读书。

# 杨晓敏："小小说教父"和他的"圣经"

放眼世界各国，鲜有人会被某一文体的写作者毫无争议地尊为"教父"，而杨晓敏几乎是唯一的例外。在最近 20 多年的时间里，小小说从短篇小说中分化出来，发展成一个独立的文体，并迅速繁荣兴盛起来，引起了全社会的广泛关注，成为一种重要的文化现象，并得到素以正统自居的文学界的承认，跻身神圣的文学殿堂。这不能不说是一个奇迹。尽管媒体传播方式和人们生活方式的变化改变了读者的阅读习惯、欣赏趣味，使小小说的发展具备了适宜的土壤，并在自发状态下开始萌芽，但如果没有杨晓敏的积极倡导、推动、实践、传播和理论探索，小小说的发展可能会是另外一种局面，能否成为一种被全社会和文学界广泛接受的独立文体还很难说，因而也就很难走出一条清晰的独立发展的道路。正因如此，杨晓敏被看作是"中国小小说教父"。在文学发展史上，好像从来没有一种文体的发展与一个人联系得如此紧密，从来没有一个人对一种文体的走向产生如此深远和具有决定性意义的影响。对于中国小小说的发展，杨晓敏的推动是全方位的，缺了任何一个方面可能都不会有今天的繁荣局面。但是，在杨晓敏为小小说发展所做的诸多贡献中，我以为就文学以及小小说这种文体自身的发展来讲，最有意义的一点就是他对确立了小小说的文体定位、界定了小小说独立的文体特征。从这个意义上讲，我以为尽管专门从事小小说理论研究的专家不少，但为小小说发展做出最大理论贡献的仍是杨晓敏，他的《小小说是平民艺术》几乎可以说是中国小小说的“圣经”。

《小小说是平民艺术》是杨晓敏对小小说的文体规范、社会与艺术定位、发展方向等阐述最为完善的一篇文章，对中国小小说的发展产生了极为重大而深远的影响。这篇文章曾收入杨晓敏的理论评论集《小小说是平民艺术》。本书以这篇文章为核心，收入了其他一些理论文章及作家作品评论，共 17 篇。2009 年，杨晓敏以这本书为基础进行扩展，收入 50 多篇文章，在河南文艺出版社出版了新的《小小说是平民艺术》；同时，秦俑编选了媒体对小小说及杨晓敏的关注情况、小小说创作研究者撰写的相关文章、杨晓敏的部分小小说作品及评论、一些知名文学家和领导撰写的有关小小说的文章、杨晓敏事业年表等，作为《小小说是平民艺术》的姊妹篇，以《一个人的文化理想》为名出版。这两本书合在一起有个很大气也很贴切的说法，叫“栽种小小说纪事”。我以为这几个字准确形象而传神地道出了杨晓敏及其同仁 20 余年来引领、推动、扶持中国小小说的心情、作为及他们对中国小小说事业的贡献。

在“栽种小小说纪事”两本书中，《一个人的文化理想》涉及的内容包括了杨晓敏等为发展繁荣中国小小说所做的各个方面的工作；而《小小说是平民艺术》则更多地体现了杨晓敏对中国小小说发展的理论贡献。

## 一、杨晓敏对小小说发展最具理论意义的贡献是他确立了小小说独立的文体地位

杨晓敏对小说有一个非常有意味的分类，他把传统的长篇小

说、中篇小说、短篇小说统称为“长小说”,与之相对的“短小说”单指小小说。他认为:“小小说是一种最具读者意识的小说文体。它的兴起,是对‘长小说’而言的文体创新。”(《小小说是平民艺术》)这种划分清楚地把小小说从传统的“长小说”中分离出来,从此,小小说不再只是写得更短的短篇小说,而有了自己独立的品格。他说:“小小说作为一种文体创新,它不是小品,不是故事,不是短篇小说的缩写。而是具备独立品质和尊严的一种文学样式。”(《小小说是平民艺术》)“短小说”概念的提出,明确了小小说文体的特征和独立的文体地位,使小小说具有了与传统长篇、中篇、短篇小说相对应的地位,从而得以独立发展。这一点在理论上无疑具有开创性、建设性的意义。对小小说文体意识的自觉,是杨晓敏构建其小小说理论体系及推动小小说发展的基本出发点。正是因为把小小说界定为一种独立的文体,小小说才被打开了无限广阔的发展空间,走上了独立而健康的发展道路。

## 二、杨晓敏对小小说发展最具学术意义的贡献是他确立了小小说的文体规范

杨晓敏进行小小说文体规范的工作是从三个方向展开的:

首先是从理论上对小小说的文体特征进行界定。他强调小小说具有所有小说样式共有的思想容量和精神价值:“作为小说一种,小小说不仅要具备人物、故事、情节等要素,更重要的是,它还携带着作为小说文体应有的‘精神指向’,即给人思考生活、认识世界的思想容量。”(《小小说是平民艺术》)在此基础上,他特别强调了小小说独特的外在表现特征:“小小说作为一种文体创新,自有

其相对规范的字数限定(1500 字左右)、审美态势(质量精度)和结构特征(小说要素)等艺术规律上的界定。”(《小小说的大众文化意义》)而他“小小说是平民艺术”的定位则是对小小说内在审美特征和表现形式的良好概括。这样,杨晓敏就从理论上阐明了小小说是一种小说样式,它具有独特的表现形式和内在审美特征,因而是不依附短篇小说而存在的一种独立小说文体。而这样一种独立的文体以其特有的手段,构成了一个自足而完整的艺术世界:“无论如何,在一两千字的篇幅里,是必定要摒弃言之无物的。它容不得要花招,所有的艺术手段,只能用来为内容服务。小小说不是故事。就其文体而言,小小说自有它的字数限定、审美态势和结构特征。它的规范性更有别于散文、小品等。一句话,麻雀虽小,五脏俱全,也是一个完整的艺术世界。”(《小小说是平民艺术》)

其次,通过对代表性作家、作品的推介确立小小说的文体规范。杨晓敏对这一点的认识特别清醒和自觉,他说:“小小说文体究竟能走多远?或许要取决于两个必要的生存条件:一是小小说能否不断有经典性作品问世,以此来锻造和保证它独具艺术魅力的品质;二是在从者甚众的写作者中,能否不断涌现出优秀的代表性作家,来承担和引领队伍成长进步的责任。”(《好作品在于奇思妙想——非鱼小小说印象》)应该说,在这一方面,杨晓敏花费的精力最为巨大。杨晓敏很清楚,“倡导和规范小小说文体的使命,自然在很大程度上要落到发表、选载小小说的主流刊物上来”(《小小说文体与刊物定位》)。20 多年来,杨晓敏参与编辑和主编了《小小说选刊》、《百花园》、《小小说出版》(原名《小小说俱乐部》)等,总发行量逾亿册,主编或与人合作主编的各类小小说丛书、精选本、增刊 60 余种、200 多本(卷)。在此过程中,杨晓敏和他的同事逐步完成了对小小说文体的规范:“而所谓规范,则是在编者的遴选检索过程中,对小小说大致有个文体界定。每一种文体都会有着巨大的文化含量。从这个意义上讲，小小说要特立独行，自立门户，绝不能把别的文体样式拿来充塞其间，她要有明显的标志才行。"(《小小说文体与刊物定位》)杨晓敏确立小小说文体规范的努力还体现在他撰写的上百篇小小说作家作品的评论中。他通过对具体作家、作品的分析，以具体的实例指明了符合小小说文体规范的经典作品应该是怎样的作品，为小小说的创作起到了很好的导向作用。

再次，通过自身的创作实践为小小说规范的确立发挥了示范作用。尽管工作非常繁忙，杨晓敏还是抽出时间创作了《清水塘祭》系列小小说，从而使自己的理论与实践更好地结合在一起，为小小说的创作和研究提供了示范性文本。

此外，杨晓敏还通过组织活动吸引更多专家参与对小小说的理论研究和评论，通过评奖为小小说发展提供示范和导向，并以此扩大社会影响，使小小说及其文体规范获得了更广泛的社会认同。

## 三、杨晓敏对小小说发展最具社会价值的贡献是他确立了小小说"平民艺术"的定位，明确了小小说的发展方向

在充分认识小小说文体特征的基础上，杨晓敏提出："小小说是平民艺术，那是指小小说是大多数人都能阅读(单纯通脱)、大多数人都能创作(贴近生活)、大多数人都能从中直接受益(微言大义)的艺术形式。因为小小说文体的特征，就决定了它是属于大众文化的范畴。"(《小小说是平民艺术》)应该说，杨晓敏对小小说的这个定位一方面建立在对小小说自身文体特征认识的基础上，一方面则建立在他对当今文学发展现状及趋势认识的基础上。对于

文学如何在当今社会更积极地发挥作用，杨晓敏有清晰的认识，他说：“我以为，只有最大限度地发挥大众文化的优势，使文学和普通受众产生近距离的心理效应，文学才能更加自信和有力量。”（《小小说的大众文化意义》）也就是说，杨晓敏认为，文学要想对社会产生更大的影响并使自身有更好的发展，应该改革其日趋“精英化”的现状，重新回到平民中间。而小小说作为一种新兴文体，本身就具有大众文化的品位，把它定位为平民艺术，更有利于其健康发展。因为“小小说的轻捷灵便、单纯通脱的文体优势，为现代人带来了时尚性的阅读快感”，“平民艺术的质朴与单纯，简洁与明朗，加上理性思维与艺术趣味的有机融合，极其本色和看得见、摸得着的亲和力，应该是大众文化的一个重要组成部分”（《小小说是平民艺术》）。杨晓敏之所以坚持把小小说定位在大众文化的范畴中，不仅有小小说自身文体特点的考虑，更有小小说文体发展，进而是产业发展的考虑。他说：“我有一个观点，作为小小说文体，它的文化意义大于它的文学意义。”把小小说定位为“平民艺术”，定位为“大众文化的一个重要组成部分”，使小小说有了正确的发展方向，有了更大的表现舞台。小小说能有今天繁荣兴旺的局面，《百花园》《小小说选刊》能取得如此巨大的成功，都与此有着密切的关系。

当然，杨晓敏对小小说发展的贡献远不止这些，但仅从其对小小说发展的理论贡献这一点来谈，我们也可以发现，虽然“中国小小说教父”只是一个戏称，但绝非没有道理，甚至可以说实至名归；而以《小小说是平民艺术》对中国小小说发展的理论贡献，称之为中国小小说的“圣经”也毫不为过。杨晓敏让我们看到，一个人对一种文体竟能产生如此的影响，并使小小说这种新兴文体的发展成为一段传奇、一种现象。无论如何，这都值得我们好好重视，好好研究，以对文学发展和文化繁荣提供更有意义的启示。

## 墨白:墨·白

还是寸头,头发鲁迅般直直地立着,成为孤傲的标志。只是似乎在忽然间,许多白发冒了出来,印象中满头的黑发只剩一部分零星地藏在白发间,成为带有某种寓意的陪衬。墨白,头顶是名副其实的"墨白"了。

于是发现,印象中的青年作家墨白其实并不年轻了;但是,先锋作家墨白依然先锋着。

掐指算来,认识墨白真是有些年头了,读他的作品还要更早,应该超过 20 年了吧。从那时起,关于颍河镇、关于寻找、关于人性、关于欲望的书写不断进入我的视野,一直持续到今天。

尽管早就读过墨白的作品,也在一些场合见过,但真正熟悉墨白是在 1997 年。那时,省里已经下文,将我所在的文艺理论研究室(创作研究室)和文学创作室、《当代人报》社合并,成立河南省文学院。墨白当时在周口文联一个文学期刊做编辑并写着小说。那一年,我们张罗着给河南的五位青年作家李洱、墨白、行者、韩向阳、陈铁军等在密县(今新密市)开了个研讨会,会期有好几天,其中大部分时间都是在正儿八经地开会。这次会议选择的五位作家,当时在国内都是初露锋芒,他们在叙事上很有特点,特别是李洱、墨白、行者更以写作的先锋性为文坛所瞩目。当时,先锋写作在全国实际上已开始进入尾声,但在一向"慢半拍"的河南,还是有些人看不顺眼，以至于有位到会的老同志在会上公然质疑：这次会议选择的研讨对象都是些什么人？老子（李洱）、墨子（墨白）、孙悟空（行者），名字一个比一个起得牛。然后还有什么不食人间烟火、作品就是不让大家看懂云云。对于这番质疑与会者大都一笑置之，其最大的影响就是让大家更好地记住了这三位作家。其实，那次会议所讨论的话题是广泛而深入的，具有很高的学术价值，对几位研讨对象的创作和成长也产生了重要的意义和深刻的影响。会后不久，李洱、墨白、行者一起被调到河南省文学院从事专业创作。只是行者来而复返，很快回到南阳做了文联主席；李洱不久前刚刚调往中国现代文学馆；只有墨白还在文学院，和我做着搭档。

在文学院从事专业创作的十几年间，墨白继续着他此前的方向，固执地反复书写着他的颍河镇，并使颍河镇如福克纳笔下的约克纳帕塔法一样，成为一个文学之镇、精神之乡。颍河镇的原型大约就是河南省淮阳县的新站镇，墨白出生并长期生活在这里。像他这样有着长时间乡村生活经历的作家河南有很多，描写乡村生活并以乡土文学创作在文坛崭露头角，是他们相同或相似的成长模式。农村的生活经历同样是墨白写作的重要资源，但相对河南的大多数作家而言，墨白差不多是一个异数。长期的农村生活经历，由农村进入城市的人生轨迹，会使作家对中国特有的城乡二元对立结构——正如黑与白的二元对立——有着深刻的认识。河南的绝大多数作家对此都有着切身的体验，并把这种经验、体验、认识带到了文学作品中。墨白也不例外，并因此使其作品有着深刻的现实感。但墨白又在努力寻找进入这种现实经验的全新视角。墨白早年曾经学习过绘画，这没能使他成为一个画家，但也许潜在地促成了他异常重视作品形式感的倾向。现实感和形式感的共存，或者说乡土经验、社会现实和先锋表达、文本实验的结合，使墨白的小说既不同于传统的乡土文学,又与大多数先锋作家拉开了距离。换句话说,他的写作是把一般意义上相互对立的二元——如黑与白——糅合在了一起,这使他的笔名墨白有了些实在的意味。

关注现实一直是河南作家的一个优秀传统,以先锋写作闻名的李洱和墨白同样如此。如今,先锋写作早已退潮,许多曾经的先锋小说家都回归了传统,重新津津乐道地讲起了故事,回到了把生活故事化、人物性格化的老路上。但是,李洱、墨白却依然保持着他们固有的写作姿态,不断有成功的作品问世,并能得到广泛的认可。这与他们在注重叙事探索的同时坚定关注现实、保持对作品意义和价值的追求这样的创作观念是密不可分的。墨白在小说特别是中篇小说创作中,对形式实验、叙事探索有种近乎偏执的热衷,他期望通过叙事策略营造一种荒诞、神秘的氛围,以象征或隐喻的方式来表现人类的生存困境和人性异化的现实,揭示人性的本质和生命的实相。在他近来的长篇小说写作中,形式探索的意味不再那么外露,但其内在的精神实质却始终未变。从形式上讲,注重叙事、注重结构;从内容上讲,注重人性、注重精神。这是墨白一贯注重的文学元素。

对于墨白及其作品,已有很多评论文章、作家专论乃至专著广泛论及。为避免把这篇印象记写成作家论,还是说说在一些场合、一些事件中墨白留给我的印象。

墨白现在已五十有五,年过半百的年纪和他留给我以及文学界的印象很不相称。至今,墨白在研讨会及各种谈论文学的场合,一定还会谈到语言或叙事问题,谈到生命或人性问题,而且一定还有青年般的慷慨激昂。我曾多次在一些青年作者的研讨会上,听到他不留情面地批评研讨对象的作品依然停留在对故事的简单叙述上，根本没有进入叙事；批评他们所关注的只是社会或政治层面的问题，没有从与社会的相互关系中理解个体生命的价值，没有对生命本质的思考，没有对人性的深入探究。这样的态度和做派使墨白在文学上、在精神上显示出了一种高贵的派头。

曾有作家和我谈起，墨白与青年作者的谈话、研讨会上的发言都有大师状。我觉得，是否真的成了大师暂且不谈，但墨白关于诸如文学叙事问题、精神价值问题、人性本质问题、生命意义问题的思考，确实是真正大师应有的思考，有了这样的思考，即使还未成为大师，应该离大师也不远了。

# 云平:书如其人,人如其名

书如其人,人如其名。

话说的是云平。

说起来,和云平同在文联工作有很多个年头了,但之前基本上是君子之交,其淡如水,见面点点头,打个招呼而已。真正熟识起来,是2017年参加河南省委党校的宣传文化系统首批“四个一批”人才班,一起到江西一起上井冈山,算是成了“革命战友”。也由此发现,云平其人,恰如其名,是平平淡淡的真人。而云平其实是经过事、见过世面的,他做过郑州美术馆馆长、郑州画院院长,差不多相当于是河南美术、书法界的“直隶总督”。云平的中国梦就是他的书法梦,为了这个伟大的梦想,他调到省书协,甘于做大量事务性工作,这是历经风云之后的知止能定了。也正因此,其待人处事看似云淡风轻,却是乾坤藏于胸中,风云变乎其间。如此,是有境界、成高格之人了。

我基本是一个以阅读、写作为职业的人,这些年来,因难以割舍一直以来对书法的喜爱,业余也时时临临帖,写写字。为此《书法报》去年约我写篇文章谈谈自己对书法的理解,我写了《职业看书,业余学书》一文,谈了自己对书法的一些认识,主要是临帖对学习书法的意义。2017年四五月间,我们约请全国文学界的一些名家,组织了一个叫作“文心墨韵”的作家诗人书画展。我为展览写了个序,叫《传统的文人书法与文人的书法传统》,谈了我对于书法传统和书法美学的一些理解。我们这些人写字，通常被专业书家称为“文人书法”。“文人书法”或“文人字”听起来很入耳，翻译过来大约是说文人写字不讲规矩，只是信手涂鸦。但我以为，真正的“文人书法”，应该是很好地继承了中国书法传统并通过书写内容与表现形式的统一来表现自己的性情、意趣的书法，它可以随意、自由，但一定是合规矩的。而今天的专业书法，固然在形式创新开拓方面取得了不小的成绩，但很大程度上丢掉了一些中国书法中传统的美学精神，成为一种单纯的技艺。因此从根本上说，好的“专业书法”，一定是有文人性的；而好的“文人书法”，也一定是要有专业性的。书法的“文人性”，各人有不同的理解，我的理解是书法的本质在于一种韵味和格调，有了这种韵味、这种格调，字才能“不俗”。好的书法必须是“不俗”的。“不俗”是书法文化品格的体现，也是书家人格的体现。一个人如果除不掉内心深处的庸俗，再怎么练，字也脱不掉俗气，自然成不了大家。这些年，很多书法家处心积虑要摆脱这个“俗”字，于是远离唐楷，远离松雪，以至远离二王，专挑一些常人少见的碑帖简牍来练，渐入险怪一路，方家看来，还是一个俗。其实，没有俗的字体，只有俗的书家。人俗了，字想脱俗难；人若不俗，字想俗都难。

拉拉杂杂说了这么多我关于书法的一些陋见，看起来说的是我自己，其实要说的还是云平。因为云平其人、其字，一言以蔽之，就是“不俗”。云平其人，我前面略有谈及；其书法固然是极专业的，但在这专业中，我看到了潜在的“文人性”。云平书法的这个内在“文人性”，使其书法能够外守中正之法，内得气韵流动，间以奇正之变，卓然而有大家气象。

说云平书法有潜在的“文人性”，这个“文人性”的重要表现是，云平多年来一直是在“写”字。这个说起来似乎让人不解，哪个书法家不“写”字呢？但在当今书法界，“写”字的书法家还真是不多。由于对线条、构图、墨色等因素的过分强调，当今书法界更多的人是在“画”字而不是“写”字，他们把字作为图形来画，不仅字的笔画、结构、穿插、布局，包括笔画间的游丝牵带都不是自然形成的而是有意“画”出来的，这就使书法基于“书写”而形成的意趣和美感消失殆尽。“画”出来的字，一定是没有“文人性”的。如果书法是通过“画”而形成的，那还是别从美术家协会分出来的好。云平多年来坚持“写”字，这是对中国书法传统最好的坚守，也是其书法具有内在“文人性”的关键。

现在形容一个书法家的厉害，通常会用到一个词：诸体皆能。以流行的说法，云平也是诸体皆能的，他楷、行、隶、草都能写。但这么说其实并没有太多意义。云平所精者为楷书与行书的，我更看重的是他的楷书。

云平的楷书，出于魏碑，自然具有厚重、朴实、沉着的特点。而细看云平的楷书，其实不只是这些，其字虽出于碑，但并不拘泥于碑，有碑的力量，却又多了些从容和飘逸。这也正是我称云平“书如其人，人如其名”的根本原因。

云平的楷书，好在一个“平”字。这个“平”，成就其法度的中正。云平的楷书，结体平稳，用笔沉着，气象从容，从而表现出一种中正大气、淡定高远的气象。在当今追求线条险绝奇变的书坛，能这样坚定地持守中庸之道，是殊为不易的。平，成就了云平书法正大的气象和包容的气度。但仅仅有“平”是不够的，“平”使云平的书法有了中正的高格和坚实的基础，但死守一个“平”字，却容易使作品陷入呆板、质木无文的境地。好在这个“平”姓“云”。相对于“平”，云飘在天上，是一种超越的姿态。云是变幻莫测的，又是内含风雨雷电的。看云平的书法，于平正中可以看到一种明显的动势，其结构在平稳中带有动感，用笔在方正中带有跳荡。云平的结字，虽出于魏碑，但分明可以感受到兼容并蓄的博大，甚至是他的碑，又给人一种难以言表的现代感。这是云平书法基于“平”的传统而又超越了。于是，云平的字就让人既能感到内在的力量，又能感到自然的灵动。这是继承中国书法伟大传统而能进行现代表达的至高境界了。

多年来，云平恪守中国书法传统，长年临池不辍。如此，他守住了一个“平”字。同时，云平又不断从不同的碑帖中吸取优长，以现代艺术的营养滋养传统书法，从而丰富了其书的内涵，并有了变化和超越，不愧姓“云”字，故能臻于妙境。

“云”而名“平”，“平”而姓“云”，“云”“平”二字互助互补、相得益彰。这是云平为人的写照，也是其书法境界之所在。书如其人，人如其名，一切尽在于云平了。

## 赵雅安:抒发与约束

十多年前,大概是1992或1993年,我曾读到过赵雅安的一篇小说,名字记不清了,好像是《红色出租车》或别的什么,但内容至今还记得很清楚,描写的是由一个人的身世问题引发的故事。那时我正好刚读过日本白桦派代表作家志贺直哉耗费16年心血写成的毕生唯一的长篇小说《暗夜行路》,写的是由主人公时任谦作的身世问题引发的命运悲剧。也许正因如此,对雅安的那篇小说印象很深。当时我在为当年河南中短篇小说创作所做的年度述评中特别提到了这篇小说,认为这类小说所写的事件看似特例,其实反映了人类不知从何处来、到何处去的生存处境,很有普遍意义。后来,我曾问及雅安是否读到过志贺的作品,她说从没读过。而且据我当时看来,她甚至不知道有志贺这么一个作家。

十多年过去了,我再也没有读到过雅安的作品。直到去年底,才在《莽原》最后一期上看到了雅安发表的中篇小说《黑眼睛菊花》。但当时正值年关,不知道自己在干些什么,反正是在忙,并未来得及读。春节过后,就收到了雅安最新的小说集《情爱时空》。

《情爱时空》收录了《黑眼睛菊花》《红色曼陀罗》《巴林石项链》3个中篇。仔细读完这3部作品,10多年前的阅读印象忽然又在我的脑海中出现。

我相信雅安在内心深处渴望生活处在一种单纯的和谐状态,

但生活的现实告诉她这是不可能的。造成这种现实的原因是什么呢？在雅安看来，其根本原因就是感性世界本身的非理性。所以在《红色曼陀罗》中，雅安借范世安之口表达了这样一种艺术观："人的感性世界本身是非理性的、深邃的混沌王国，是永恒的谜。作品要打开一个通向那王国的窗口，然而，每一个被打开的窗口又不能不是有序的……"于是我们看到，感情的自由抒发与现实的约束之间的矛盾冲突，成为雅安作品的一个重要主题。在《黑眼睛菊花》中是吴迪与小欣、一萍之间的情感纠葛，《红色曼陀罗》中是雨田与范世安、陈鱼、丈夫之间的感情纠葛，《巴林石项链》中是阿诺、项孟、芳芳、巴特之间的感情纠葛。而造成这种纠葛的根源正在于情感的抒发与约束之间的矛盾，或者说"想"与"能"之间的距离。

对于人类的这种情感现实，我们可能都觉得不足为奇或习以为常，然而正如雅安的那篇有关身世的小说一样，这个问题恰恰表明的也正是我们存在的一种本体性处境。每个人都"想"使自己的情感得到完全自由的抒发、表达和实现，或者说都渴望着"无限"，但现实有限性的约束却使我们不"能"实现这种完全的自由或无限，于是在"想"和"能"之间，在"无限"与"有限"之间出现了一条无法逾越的鸿沟。保罗·利科把"我想"和"我能"之间的距离，看作做人的"苦难"，这就是人的"原罪"，就是人的本体性存在处境。所以，雅安在作品中发出的"天啊，为了什么生活不能是单纯的和谐的呢"的感叹，其实正是对于人的生存的这种本体性"苦难"的无奈。大概正是基于对人类情感现实的认识，雅安得出了"约束和抒发，恰恰是艺术表现所必需的"这样的结论，并通过雨田表达了出来。

也许是出于对单纯的和谐的追求，也许是出于有意的约束，在雅安的小说中，人物关系相对比较简单，叙事比较简明，不蔓不枝。

即使在《巴林石项链》这篇以时空交错的方式展开的叙事中，我们同样可以看到，整个叙事依然相当有节制，故事的脉络一直非常清晰。同时，雅安的叙事还有一个特点，那就是通常以突兀的事件来引入和展开矛盾，每每给人以峭拔之感。

对情感的尽情抒发是雅安作品的另一个特点。在雅安的作品中，我们明显可以看出俄罗斯经典作品的影响，突出的一点就是作品中出现了大量的场景描写、背景交代、抒情和议论等。这种作者直接言说的方式在当前主流的写作中已经不多见了，但它也因此使作品具有一种古典的诗意，也更加具有感染力和思想深度。

但是，坦率地说，雅安对于自己的自我言说，或者说抒发明显约束不够，它因此也带来了一些弊端，那就是使作者的笔触不断从叙事中游离，它在使叙事显得简明的同时，也使叙事显得过于单薄，缺乏应有的厚度，从而影响了作品的表现力。如果雅安不是过多地约束叙事而是更多地约束抒发，更多地把笔墨花在故事上，增加细节的表现力和叙事的厚度，她的作品完全可以达到一个更高的境界。

# 杨晶:苦难中爱的记忆

“在奥斯维辛之后写诗是野蛮的,这就是为什么在今天写诗已经成为不可能的事情……”

最近读到杨晶先生的亲情散文集《爱的记忆》时,这句以前曾被广泛引用的名言重新在我的脑海中浮现。阿多诺的这句话意在说明,当面对人类的灾难、生活的苦难及世界的荒谬时,无视苦难的现实而侈谈幸福、美好和爱是多么的无情和不负责任。在他看来,作为一个有责任感的知识分子,只有正视这种苦难和灾难,才有可能避免悲剧的重演。尽管后来阿氏修正了自己的说法,说“长期受苦的人们有权表达,就像被折磨者要呼喊”,但他的思想其实并没有根本性的变化,在他看来,诗、文学要么是不可能的,要么就应该表达世界的冷漠、荒谬和现实的残酷、无情,要把伤口撕裂给人看。此后,衡量作家或知识分子良知、勇气与责任感,衡量他们对待历史和现实的态度,就是看他们是否对世界的残酷本质有充分的揭示和表达。很多作家于是就把表达生活的苦难、揭示世界的荒谬、挖掘人性的丑恶作为写作的根本追求,并作为衡量作品是否深刻的重要标志。

然而,文学是否仅仅为此而存在?

我不怀疑世界的荒谬性、残酷性,我知道我们没有权力忘却或回避生活的苦难,我也知道我们不能刻意遮掩人性中丑恶的东西,但文学存在的意义不只在于去简单地揭示这些,还应该帮助我们在沙漠中发现一株小草所绽露的生机,应该帮助我们看到一朵小花所显现的美丽,应该帮助我们看到在苦难的生活中仍然有爱,有美好的东西存在。奥斯维辛的真相并不能成为否认人间美好的理由。表达爱、传递爱,让人们在苦难中看到生活的希望,这可能比单纯描写苦难揭露残酷更有价值,也更可能是文学存在的根本意义。给生活以希望,给人生以安慰,在暗夜中为人类点亮希望的灯火,为生命的安立提供帮助,这才是文学存在的意义,也是无论在何种情境下文学存在的可能性。

《爱的记忆》一套两本,其一是记述妻子患脑瘤时作者陪同其赴京治疗详细情形的《让爱永远陪伴你》,表达的是夫妻间相濡以沫的爱;其二是记述作者的母亲在丈夫被错划为"右派"后含辛茹苦抚养子女成长、把一腔爱心无私奉献给孩子直到生命最后一刻的《多想再叫一声妈》,表达的是伟大崇高的母爱。这两本书都属于家史类的纪念作品,作者用平实的文字写下了这些真实的故事,固化了个人的记忆。应该说,这两部作品所描写的事件,无疑都与苦难密切相关。妻子身患脑瘤,手术时又出现意外,生死未卜,可以想见,此时焦急等待的丈夫该承受着何等的煎熬。这种事情对任何一个家庭来说,都是一场绝对的灾难。而母亲和自己的家庭所经历的是社会、政治带来的灾难。20 世纪 50 年代中后期以至 70 年代末的 20 多年,接连不断的政治运动给中国许许多多家庭带来了无尽的灾难,这段历史给许多人留下的都是苦难的记忆。杨晶的母亲在丈夫被劳动改造的时候,以自己的绵薄之力供养着上有公公婆婆下有五个嗷嗷待哺的孩子这样一个家庭,并因丈夫的政治问题不断受人欺压,被迫不断搬迁,流离失所。在政治、社会、经济各方面的重压下,母亲彻夜难眠,竟至于精神分裂,而在家庭情况刚有好转时，却早早撒手人寰。杨晶的这两部作品所记述的都是家庭不幸，但是这些事件留给作者的却并不只是苦难的记忆，他在苦难中仍然感受到了巨大的爱，也正是这种爱让他的家庭能够走过苦难，所以存留在他心中的不是苦难的记忆，而正如他书名标明的，是“爱的记忆”。因而这两部记述苦难事件的作品表达的却是爱的主题。

《爱的记忆》之《让爱永远陪伴你》是日记体，《多想再叫一声妈》类似于回忆录，都是作者基于个人经验所做的个人化书写，它为我们提供了具体的生命个体在特定的历史和社会环境中的所见所闻和所思所想，使读者得以从一个细小的入口洞见历史和社会的真相。《让爱永远陪伴你》写作者如何千方百计为妻子治病的过程，虽然作者主要是想表现夫妻间真挚的爱，却从侧面反映了当今的社会现实。由于作者不加遮掩地记录了当时的所思所想和所作所为，因而显得特别真实，也更具认识价值。而《多想再叫一声妈》在写母爱的同时，也很好地反映了中华民族历史上那段充满苦难的岁月。对于这样的社会现实和历史，很多作家都努力进行“史诗”式的描写，遗憾的是，我们看到的多是缺乏切身体验的大而无当的空洞描写。与其如此，我觉得倒不如这种书写个人经验和个体生命经历的作品更有价值，更有意义。

佛言“诸行皆苦”，或谓“一切行(皆)苦”。人生难免生老病死，原本充满苦难。如何从苦难中得到拯救，古往今来的一切宗教都试图给出答案，使人类得到终极的救赎。但求诸来世也许并非有效的途径。《爱的记忆》提供给我们的是一条在苦难中得到拯救的现实道路，那就是不回避、不遮蔽现实的苦难，有勇气直面苦难、正视苦难，并努力在苦难中发现爱、记忆爱、传达爱，从而使生活具有希望、人生得到安慰、生命可以安立。这些，就是《爱的记忆》带给我的最大启示。

对于杨晶来说，这份苦难的经历、爱的记忆，已经成为一笔巨大的精神财富，为他的写作提供了丰厚的资源。可以看到，《危栏》《危崖》等小说都因贯穿着他的个人经验，而显得更为扎实、可读。但对于文学创作来说，仅仅宣泄个人强烈的情感是不够的。如果能平静下来，以爱的眼光来看待、以宽容的心态去对待整个世界和所有的人，以细腻的笔触描写人性中最深奥的部分和生活中最微妙的地方，我相信杨晶的创作一定能达到一个全新的境界。

# 魏建民:文画双畅

与魏建民先生接触不多,细细回想,也不过只有三两次。但就是这么有限的几次,魏建民先生却给了我深刻的印象。建民先生已年近六旬,人生经历丰富,各方面均有不俗成就,而为人却非常谦逊。这一点非常可贵,也令我很快就对他有了很好的印象。

建民先生长期在中国铁建总公司工程局工作,在青藏高原为修建青藏铁路付出了心血和汗水。因为主要从事宣传和办公室工作,长期与文字打交道,他于公文报道等文字之外,又写下了不少诗词、散文,记下了他生命的历程和工作、生活中点点滴滴的感悟,当然还有他对亲人的情感、对艺术的领悟等。这些文字汇集在一起,就有了我们现在看到的《双畅斋文思录》。

集子的第一部分主要是散文和随笔,文章都不长,所记的也鲜有惊天动地的大事,大都是对个人经历的事物、眼前的景物及身边的亲人等日常所接触、所见到一切的感悟和发现。建民先生几十年的人生经历,从中原大地到青藏高原,从军营到建设一线,有工作生活之所在,也有旅游览胜之行走,祖国多处的山山水水都留下了他的足迹,而建民也将这些经历转化为文字记录,由此也就记下了自己生命的轨迹。他的这些文章语言平实,表达的都是基本的情感,并不触及过于复杂、微妙的人生体验,好就好在真挚自然。

不故弄玄虚,不炫耀显摆,有一说一,这样的作文态度我是极欣赏的。

集子的第二部分主要是诗歌,包括写人和写景两个方面,既有五七言旧体,也有新诗。建民先生生长在一个和睦的大家庭,家中老大的地位和良好的家教,让他养成了宽厚、包容、善良、忠诚的性格。也正因此,他在与人接触时,总能以忠厚的态度对待别人,总能看到他人身上的长处并予以尊重,而别人对他自然也会诚恳以待。建民先生是一个有心人,他把对亲人的情感化为文字,不仅让亲人的形象通过他的文字可以长久地留存下来,也把他对亲人的情感以文字的方式固化了下来。人生苦短,但在文字里总可以永远感受到亲情的温暖。建民先生还以大量的篇幅写了他接触到的朋友、同事以及一些名人大家等,不管是普通的人物,还是知名的大家,他总能发现各人的优长并用简洁的语言书写下来。这些诗作不仅会让朋友感到温暖,同样也会照亮建民先生自己。就集子中所收,建民先生写到的人物有七十多位,这些亲人、朋友、同事、名家的形象会在建民先生的笔下永存。建民先生写的是别人,从中却可以完全映照出他自己,让阅读者从中看到建民先生自己究竟是一个怎样的人。诗作中还有一部分写景之作,既是对自然山川、风光、景物的颂歌,也是他自己生命历程的记录。建民先生的这些诗大都质朴自然,也好在朴实有趣。

集子的第三部分主要是一些艺术的评论和随想,既有建民先生自己对艺术的领悟、对一些画家的评论,也有别人对建民先生绘画的评价。建民先生有长期在青藏高原生活的经历,雪域高原壮阔的景色在他的内心引起了强烈的震撼,让他坚定不移地用画笔来表现高原的美景。建民先生多年执着于山水画创作,这些年又追随苗重安先生精研青绿山水,创作水平大有进境。建民先生生于 1958 年，按老说法今年正好是花甲之年。但年届花甲的他依然学习不止、探索不止，这种精神是很让人感佩的。

我于绘画纯属外行，但观建民先生的绘画，发现他与那些执着于技法、细节的画家不同，他的绘画更多以势取胜，用色大胆，能给人以较强烈的视觉冲击力。建民先生的绘画还有个特点就是构图吸收了现代绘画的表现特点，不拘泥于传统山水画的构图成法，因而能给人带来别样的感觉。当年齐白石五十多岁时进行“衰年变法”，魏建民先生在这个年纪同样在不断探索，这是有了向大师看齐的境界了！

魏建民先生在《双畅斋文思录》即将付梓之际，嘱我为集子的出版写几句话。而我写之自觉识见太浅难以置喙，难免说些外行话，却之实在是既不忍又不恭。好在建民先生是宽厚之人，知我心意，当不会怪我。因而不揣冒昧写下自己的一些感想，为建民先生集子的出版表达祝贺之情，并权以为序。

## 吴元成:我们的南水北调

南水北调中线工程的起点在河南省淅川县一个叫陶岔的地方,丹江口水库差不多一半的水面也位于淅川县境内。吴元成的老家在淅川县盛湾镇分水岭村。分水岭村就在丹江边上,到淅川县城有五六十公里的路程。

元成生于 1961 年,是家中的老大。他的父亲是一位“墓生子”,也叫“过得娃”,这是南阳一带对父亲死后才出生的孩子的称呼。1938 年,元成的爷爷吴文魁大汗后喝了一瓢凉水,结果竟感染伤寒去世。挺着大肚子的奶奶在族人的帮助下,将爷爷安葬在老家附近的南栈沟。不久,元成的父亲降生。20 年后,1958 年夏,元成父亲在全国人民吃大食堂跑步进入共产主义的时候,感染上了和元成爷爷当年一样的病,久卧病床,瘦骨嶙峋,眼看不久于人世。那时,元成奶奶已在 1949 年初改嫁到埠口街赵家,而村里人人都在忙着大炼钢铁,无人照料元成生病的父亲。奶奶听说后,跑回分水岭,找人抬着儿子到埠口街求医,将养多日后,终于康复。当年 9 月,丹江口水库大坝在凤凰山、黄土岭开工,身体刚复原的元成父亲随着淅川民兵五师田川团,与河南邓县六师、湖北天门县七师一起,组成右翼兵团,鏖战丹江口右岸工地;均县师、郧县师、机械化师等在左岸坝基处施工。10 万大军住草棚毡房,吃粗茶淡饭,手持简单的工具,胸怀火热的斗志,要把孙中山、毛泽东等人倡导的南水北调的构想变成现实。

1960年麦收时分，元成父亲和他的乡亲们亲手修的大坝围起的水库将要蓄水淹掉自己的家，大批淅川库区群众要么支边青海，要么在丹江口修大坝，老家劳力不足，元成父亲和上万民工一起被抽调到尚未淹没的淅川县古镇李官桥一带割麦。奶奶操心儿子的婚事，趁机带着一个女孩子，从埠口街来和自己的儿子见面。这期间，因苏联撤走专家，以及大坝因赶进度出现质量问题施工暂停，各县民工多数返乡。元成的父亲也返回分水岭，不久结了婚。第二年，有了元成。

元成说，作为家中的长子，他最早的记忆始于1966年。一天，父亲带着四五岁的元成过丹江，小划子走到清澈的江心时，父亲给他一枚硬币，让他扔进江里，以保平安。这是元成第一次去丹江岸边香严寺下寺附近的古镇埠口街。如今，老埠口街和香严寺下寺早已被丹江口水库淹没。当元成和父亲到达埠口古镇的时候，姑父和姑姑正在房坡上揭瓦，满脸满身灰土，他们在拆除自己的家园，要移民去往湖北。这年夏秋之间，元成的姑父彭德洲一家、1959年到青海省德令哈支边刚刚跑回来的大伯吴占定一家、大姨夫乔松山一家、六爷吴文禄一家，还有此时已离婚的奶奶，都随着数万移民大军迁到了数百公里之外的湖北荆门县、沙洋县、钟祥县。

后来，因连年的天灾人祸，加上家中不断添丁增口，淅川老家分水岭生活困难，元成先后三次前往荆门，跟随奶奶生活。元成说，他记得很清楚，第一次去的时候是腊月间。天不亮，分水岭还在沉睡中，父亲就把他叫醒，母亲帮他穿上小黑棉袄，在瑟瑟寒风中离开分水岭。先步行穿过八里沟，再坐小划子，再步行赶往张营码头买票上汽船轮渡，傍晚抵达丹江口大坝附近的河南码头，再步行到丹江口火车站，坐上前往荆门的火车。这是元成第一次出远门，也是第一次坐火车，新奇得很。第二天到达荆门县后，又坐汽车，最后步行前往奶奶所在的移民点。父亲停留了一天后，把元成撇在那里，整整一年。奶奶后来告诉他，父亲去接他回淅川时，几乎认不出他了。当时他正在村后的大渠里玩水，身上泥糊糊的。

回来不久，奶奶从湖北荆门回来探亲小住，临走又把元成带往荆门。大约半年左右，因为要上学，父亲才把他接了回来。小时候，因为两省来回跑，元成很顽皮，不好好读书，常逃学、打架，学习自然不好。本家二大是民办教师，曾用课本敲打他：脑袋瓜是砖头瓦块砌的，还用石灰灌过缝。正好大伯回淅川，大约是因为械斗要返迁，想在当时还是邓县管辖的九重公社落户。回荆门时，顺道把他带走。大伯为了省钱，从荆门火车站下火车，不买票坐汽车，一直哄着让他步行。这次元成在那里待了将近一年。然后，父亲在送大妹子爱菊去荆门小住的时候，把他接了回来，他这才开始好好上学。

元成的奶奶有先见之明。1985 年寒假，奶奶思乡情切，要正在河南大学读书的元成接她回河南。她说，我跑了一辈子了，不想死在外面。元成接到她，老人家要去北京看毛主席纪念堂。她说，毛主席活着，我没见过，我现在要去见见。从纪念堂出来的时候，元成看到她掉泪了。除夕夜晚，元成和奶奶坐火车返回河南，又转汽车回到淅川分水岭。之后几年间，奶奶身体开始变差，经常卧床不起。她指着屋后的一棵楸树说："娃子，给我看好了，我百年了，用这个给我做枋子。"枋子是南阳的方言，就是棺材。在奶奶还能跑得动的时候，她自己仄歪着小脚登上门前的山坡，在最高处选了一个能安放一口棺材的石窝子，对元成父亲说："把我埋到这儿，老娘可不想回头叫丹江水淹住了。"那时候，老人已经知道，丹江口大坝还要加高，要南水北调，还要搬迁。1994 年，漂泊了一辈子、辛劳了一辈子的奶奶撒手人寰，被安葬在她自己生前选定的墓穴里。三年后，元成的父亲因患胃癌去世，埋在同一座山的半山腰里，那是他自己生前在石缝之间开垦的一小片荒地，离元成奶奶的坟墓相距不过数百米。

元成虽然有移民的生活经历，但他本人并不是一个严格意义上的移民。元成的家在分水岭村的山坡上，房子位置较高，在搬迁高程以上，因此可以留在当地。但 1968 年秋，元成的父亲决意要把全家迁往荆门。家里粮食都卖了，家具也大多送人。就在这个时候，奶奶的弟弟，也就是元成的舅爷，从荆门探亲回来，到家就臭骂元成的父亲："人家蛮子都在拿铡刀砍咱河南人，你还去?!"元成的舅爷会有这样的责骂，是因为随着 1967、1968 年大批移民进入江汉平原，淅川移民与当地群众不断发生土地纠纷，生产生活矛盾不断升级，并在 1968 年 8 月 1 日集中爆发为血腥的械斗。在荆门十里铺公社及其周边，当地人率先袭击各个移民点，淅川移民遂与之发生大规模械斗，双方以土枪、铡刀、桑叉等为武器，血战数日，均有伤亡。械斗事件很快引起湖北、河南两省以及武汉军区和中央的重视，最终经过解放军进驻和两省及荆州、荆门干部的工作，将伤人性命者法办，移民情绪才得以平复。但事件余波不断，直接造成大批淅川移民返迁，或投亲靠友，或散居于丹江沿岸，以垦荒、打渔为生，并逐步形成了无户口、无土地、无房产的"沿江村"。元成父亲选在这时移民，当然会遭到亲人的反对，这使他家最终还是生活在淅川。

元成从出生到当民办教师时候住的老房子，现在早已倒塌，只有四周的根基还在。元成说，他想把房子整整，退休了可以回去住。话虽如此，住在这座丹江边的房子里，生活并不方便。也许没人会想得到，住在这里最大的不便其实是用水。为保护南水北调水源地的水质,库区沿岸3公里范围内不能住人。元成的家离江边有5公里。前些年,政府曾资助村民建水窖,收集雨水储存起来供平时生活所用,否则就要往返十来公里去江里挑水,这就是丹江岸边村民的生活用水方式。不知道在家里打开龙头就能哗哗流出丹江水的北方城市居民看到这些心里会做何感想?

南水北调中线工程的难点在移民。从根本上说,丹江口水库淹没的不只是一些房产田舍,那是这里的人民千百年生生不息绵延生存的家园,但库区水位的不断升高将把他们从这片祖祖辈辈生活的土地上无情地连根拔起。没有移民的牺牲,就没有南水北调中线建设的成功。从20世纪50年代末开始到2012年长达半个多世纪的时间里,对于从河南、湖北两省出来建设丹江口水库的移民,很多资料中都有描述——当然,各有不同的角度。但作为切身经历者,元成和我一起在反映这段历史的时候,觉得仅宏观描述移民的过程远远不够,我们决意要一个个走近这些移民,听听他们对自身经历的描述,听听他们的心声,并把这些内容真实地传递出来,以真实地还原一段历史。也就是说,我们做的其实是南水北调中线水源地丹江口水库半个世纪移民生活的实录、口述史。

## 邵丽：因为理解，所以悲悯

邵丽不是一个高产的作家，但几乎她的每篇作品都会得到广泛的关注，产生很大的影响，无论短篇、中篇还是长篇，均是如此。这使她在不长的时间里通过为数不算很多的作品迅速为文坛所熟知，成为名副其实的“当红作家”。从1999年末开始真正意义上的文学创作算起，仅仅用了8年的时间，她就摘取了鲁迅文学奖这个中国文坛的最高奖项，达到了事业上的一个高峰。邵丽成长、成熟的速度之快无法不令人心生讶异。应该承认邵丽确实富有文学才情，但显然，她的成功并非简单地用天才之类的说辞就能解释得通。才华横溢的作家可以说代不乏人，而大事业并非靠点才情或小聪明就可以成就。我觉得最重要的是，在我们这个古老农业国家的现代化进程中，社会的剧变使每个人都产生了身份的焦虑，内心都经历过阵痛，而邵丽以她丰厚的生活积累为支撑，敏锐地点中了生活的“阿是穴”，触及了社会的“痛点”，而且她能以悲悯的情怀、理想的眼光来对待生活的苦难、包容人性的复杂，并冷静地用有节制的笔触将其描画出来，从而使人感觉到深深的理解和慰藉。随着写作的不断深入，她的这种意识也越来越自觉，作品也因而越来越成熟圆融。

邵丽的小说通常没有过于复杂曲折的情节和惊心动魄的故事。她前期的少数作品，如《戏台》《安子的拳头》等，还会通过故事和外在的事件来塑造人物形象、刻画人物性格。除此之外，邵丽的大多数作品会让我们发现，她其实更愿意也更善于描写平淡或平静的生活外表下，人物内心所荡起的层层涟漪或涌起的道道波澜。正是通过人物内心的这些微妙活动，我们看到了人心理世界的复杂性，人性的复杂由此得到了充分的揭示。比如在《迷离》中，安小卉和李铁的生活在外人看来可能始终平静如初，但两个人却因为猜疑或沟通的不畅，各自内心都经历了一场风暴的洗涤，使其原本恩爱美满的婚姻几至于解体。在他们从恩爱复归恩爱的循环中，其实任何的故事都不曾发生，有的只是他们各自内心的波动，而波动的根源其实在于社会的变迁和各自身份的变化给内心带来的焦虑，当然，也许还有人们相互理解的困难。在《寂寞的汤丹》中，对主人公汤丹来说，无论是和李逸飞还是和初恋，真正的故事其实始终不曾发生，但心里的波澜却实实在在地起起落落；《生活痕迹》的主人公金地，与丈夫简平的婚姻也在经历波折后归于平静。汤丹内心的躁动、金地内心的不安，让我们看到了生活所展示出来的诱惑与可能，但同时也让我们看到了生活的无奈甚至是残酷。《废墟》中的故事也许不像其他作品旋涡般深掩在平静得波澜不惊的水面下，但正是田粮的误解和猜疑给方小鱼带来巨大的心理压力，将她推向了绝路。始终关注人物的内心生活，努力去探索人内心深处最微妙的地方，揭示人性的复杂性，这应该说是邵丽小说的一个重要特点。当然，邵丽也在努力向读者传达人与人之间相互理解的困难和理解的重要。

邵丽前期的这些作品尽管充分显示了她的文学才情并受到一定的好评，但并没有为她带来文坛上的广泛认同和特别关注。这其中固然有积累欠缺及作品不够成熟的原因，但我觉得更重要的是因为她此时的作品还没能深刻地触及当下中国社会问题的根本症结和人们精神世界根本的痛点。邵丽的转折是从中篇小说《王跃进的生活质量问题》开始的。这篇小说写的是一位出身贫贱的

“官人”的奋斗成长史。但不同于流行的官场小说,或把笔力集中于描写官场的尔虞我诈和贪腐堕落,或把重点集中在描写“清官”的刚正廉洁和大胆有为,邵丽依然延续了她特别关注人物内心生活的特点,重点描写了王跃进随着职务的升迁内心深处日益加重的身份变乱分离感和焦虑感。这使得作品与那些流行的模式化官场小说有了明显的分野,显示出作者对当下人们精神世界和人性本身探索的深入。正是因为这篇作品,邵丽真正作为一个有分量的作家稳稳地立足于文坛。后来,邵丽将这个中篇扩展为长篇小说《我的生活质量》,对问题的探索更见自觉和深入,她以悲悯的情怀写出了中国这个古老农业大国的现代化进程中人们内心的煎熬和挣扎。这部作品为邵丽赢得了广泛的声誉。从此,传达社会转型中传统与现代的冲突给人们带来的失落感、失重感及由此带给人们的身份焦虑,表现与此相关的生存奋斗和人性尊严,成为邵丽小说的基本主题。使邵丽获得鲁迅文学奖的短篇小说《明惠的圣诞》,表达的正是这一主题。作品描写了农村少女明惠因高考落榜,原本正常而光明的人生道路被突然截断,到城里做起了性质特殊的工作,希望赚足钱像城里人一样生活。然而,特殊的身份使她即使有优裕的物质生活也无法有尊严地活着,内心伤痛不可能抚平,只能在作为现代生活标志的圣诞节里静静地死去,以维持并不存在的可怜的尊严。中篇小说《马兰花的等待》关注的同样是关于身份、生存与尊严的问题。

然而,优秀的作品并非仅仅通过触及社会与生活的“痛点”就可以完成。邵丽的作品之所以受到称赞,一个重要之处在于,在叙述上,邵丽的态度非常平静,她从不渲染恶的、色情的东西,即使在故事的展开程度上,叙述也总是显得非常有节制甚至是隐忍,这使她的作品在显得干净的同时,叙述也显得富有张力。而另一个重要之处在于，她能以悲悯的情怀关注当下的现实，使作品显得更为博大与深沉。张爱玲有句话说得很有道理："因为懂得，所以慈悲。"对所有人，哪怕是仇人或敌人，如果能真正懂得他们生存的艰辛、内心的酸楚和人生的无奈，自然就会生出慈悲心来。邵丽之所以能用悲悯的情怀看待和对待处于转型阵痛中的底层百姓和基层官员，也许缘于家庭出身、工作经历及几年基层挂职锻炼使她对当下的社会现实有着真切的了解和理解。她的小说《人民政府爱人民》就来自她挂职的真实体验。所谓"可怜之人必有可恨之处"，但对于老驴，尽管明知道他的可恨，但仍然对他怀有同情；而对于县长这些官员，她也有着真切的理解甚至同情。所以，邵丽的悲悯其实来自于她对真实生活深深的理解。

因为理解，所以悲悯；因为悲悯，所以感人。这就是我对邵丽作品的总体感觉。

# 陈铁军:异人志异

膀大腰圆、不修边幅、衣着随便得乱七八糟的陈铁军,虽说有那么点侠肝义胆,却也说不上是侠客豪杰。按说像他这么个形象,出去行走江湖应该是一把好手,可他偏不,愣是要趴着写字,而且摆出了一副职业杀手的架势。结果,出人意料的是他还真干出了些名堂,一篇接一篇地发作品,大摇大摆地闯进了满脸神圣庄严的"文学殿堂",让他父亲到处牛气地跟人宣称:"这个作家是我儿子!"

不过,从一群长袍马褂、衣冠楚楚的人堆中忽然蹦出来这么个汉满蒙回布依壮、维吾尔黎彝苗瑶藏都不是的锡伯族黑大个,确实会让人产生一种"非我族类"的"异人"之感。

的确,文学发展到今天,尤其是九十年代崛起的这批新生代作家,创作已越来越自觉,越来越专业化、技术化了,一种我称为"个人性—专业化写作"的思潮可能已演变为今日小说创作的主流。所谓"个人性写作",这两年文学界鼓噪得非常厉害,其始作俑者似乎是一批女作家,她们不知何故忽然对自己的那些"私事"及经历这些"私事"时细微的感觉、意识、经验等产生了对外表达的强烈愿望,于是出现了一批被称之为"私小说"的作品。随后,这股潮流不断蔓延,"个人性写作"一时成为时尚。其积极意义在于它不断促使文学向个人的精神和心理层面开掘,深入到了以前不曾触及的幽深角落,深刻揭示了那些我们以前不曾或不愿去关心的平庸的生活层面中人的生存境遇。而专业化写作,则是作家日益重视叙事策略的必然结果。多年来,一批又一批先锋作家在不断进行着形式探索,这种对技术手段的过分重视,终于使文学创作演变成为一项由专业人士按一定程序进行操作的专业性技术工作,写作于是技术化或者说专业化了。写作的个人性和专业化倾向相结合所形成的"个人性—专业化写作",对于文学不断向人精神或心理的深层开掘,显然大有裨益。坚持这样写作,并不断向纵深发展,完全有可能创作出不朽的名作。然而,这种把文学创作变成专业作家写给专业人士看的专业书的创作倾向,从一开始就冒着走向边缘、走进沙龙的危险,本身就不大容易为大众接受,若由此进一步反对文学贴近社会、贴近大众,必然导致文学远离社会生活的主流,成为极少数人的游戏,甚至极端地说会扼杀文学。因为文学创作本来就是一项极富个性的创造活动,每一篇优秀的作品无不源于作家个人对社会、对世界的独特感悟,它从不排斥个人性。但写作作为表达,就是要面对读者。对个人性强调的极致,只能是取消写作,或者说使文学创作完全进入日记性写作,这无疑于消灭小说、消灭文学。所以在当前情况下,我们有必要对此种创作倾向保持一份清醒的认识。

在这样的创作背景下,陈铁军一直明确地坚持着读者第一的通俗化创作思想,形成了自己以描写生活在社会底层富有传奇色彩的市井小民为主,语言机智鲜活,故事性强,思想辛辣犀利,富有批判精神的审美特色。

描写"异人",乃是陈铁军作品的一个显著特点。在陈铁军的众多作品中,《大爷》可以算得上是一个比较优秀的代表。这部作品描写的是"大爷"这个作为"狗"生活着的狼如此"异类"的命运。而《有种打死我》写的是没有痛感的"异人"四妞的命运。在陈铁军的笔下,作品主人公总是具有大异于常人的行为方式,足以被视为不折不扣的异类分子，如老侯、野仙儿、田三儿、麦囤儿、四辈儿、四妞儿，等等，这些生活在社会底层的粗鄙小民，一个一个的行为方式总是异于常人到了匪夷所思的地步。陈铁军这个描写“异人”的嗜好，决定了他的作品总是具有较强的故事性和浓厚的传奇色彩。

为与描写生活在社会底层的粗鄙小民相适应，陈铁军较多地采用了粗鄙的市井语言。这种语言虽然粗鄙，但它来自于活生生的市井生活，因而倍显鲜活、生动、机智、有趣、亲切。陈铁军选用这样的语言外壳，也许确实是受了王朔的深刻影响，这从他作品的名字中也可略见一斑，像《找死》《有种打死我》《大爷》《捏你跟玩儿似的》《菜你还不是一会儿的事》《老杂碎》等。同王朔一样，面对长期以来温文尔雅、神圣高贵的文学正统，他们以粗鄙的语言描写粗鄙的小民，本身就表明了他们对虚伪的正统价值观的反叛和批判姿态。

这样，富有批判精神就成为陈铁军作品的又一特色。而且，由于作者采用的是粗鄙鲜活的语言，撕去了温情脉脉或含蓄的面纱，使其批判的锋芒显得尤为辛辣犀利、一针见血。比如《大爷》，它描写的麻沟其实就是我们这个社会的缩影，生活于其中的人们“终生浑浑噩噩、碌碌无为、混吃等死直到无疾而终”，“他们狗仗人势，欺软怕硬，嫌贫羡富，阿谀奉承，自暴自弃，无恶不为”；他们自私、嫉妒、无耻、凶暴、残忍，一切优秀美好的事物都不被他们容忍，都会被毁灭。陈铁军在作品中对这样的社会现实进行了彻底的批判。这篇小说语言虽然粗俗，但通篇读来会让人产生一种古典主义的悲剧感，这是王朔的小说无论如何不会具备的。再如《有种打死我》，通过描写一个卑微可怜的“异人”所经历的事件，深刻揭露批判了人的丑陋、残忍。作品描写的情景虽然相当极端，但它所揭示出的人的生存状态和精神状态却具有普遍的意义。而对于这样的社会现实，陈铁军明确表示了他决绝的批判态度。他曾直言不讳地声称，一定要坚持骂骂咧咧的战斗姿态，决不动摇。

从这种批判精神出发，陈铁军在作品中明显表现了对正统的价值观、人生观、历史观进行颠覆的企图。陈铁军笔下的“异人”，总是会表现出比正常人更为优秀的品性，更能取得较大的成就，比如心怀济世之仁的高仙儿比不上一个野仙儿，麦囤儿、四辈儿、山根儿、马六儿等都在各自的领域内取得了远胜于常人的成就。陈铁军的一个个传奇故事说明，一个人的存在，如果囿于传统的价值观，是无所作为、毫无意义的，只有当它打破陈规，画出一道大异于常人的独特轨迹时，才能焕发出异彩。因此，他嗜写“异人”的爱好，表明了他对正统价值观、人生观的拒绝认同。在他的笔下，历史其实也是应该重写的：王奎是抗日义士吗？马六儿是与军统特务斗争的革命者吗？张千、李万留给后人的究竟是一个怎样的历史？在陈铁军看来，历史并非如我们通常认定的某些观念所确定的统一模型，而是由一个个生命的具体而独特的存在所构成的千姿百态的图画。陈铁军描写的大量老郑州的奇人异事，就构成了老郑州一幅生动的市井民俗百态图。

与其作品的内容相对应，陈铁军选择大众化、通俗化的表现形式，其实是一种必然，这是他的创作思想本身所决定的。陈铁军曾多次声称自己“是个以写字为生的个体劳动者”，也就是说，“要吃饭只有靠它（写作）了”，“……那就是不管怎么写都得写得好玩儿，唯恐写出来让人们读了之后觉得不好玩，以后再也不读我东西了，那我再想靠它写字儿挣钱就没门儿了”。（《这个作家是我儿子》）不管这说法是否完全出于他的真心，显而易见的是，陈铁军确实把读者放在了首位，为此，他必须采取大众化、通俗化的写作方式。

陈铁军作品的故事性较强，他总是以讲故事的方式来完成他的写作，也就是说叙事对于事件来说明显是后设的（当然，任何叙事都是后设的，而戏剧化的、描写式的写作却会使读者在感觉上与主人公是共时的）。故事本身的传奇性和这种简明的叙事方法相结合，使他的作品非常通俗可读，在这个意义上讲，陈铁军达到了他“写得好玩儿”的初衷，取得了成功。

但是，任何事物都有它的两面性，任何写作方法，不管是“个人性—专业化写作”还是“大众性—通俗化写作”都像双刃剑一样，过分强调某一方面，对另一方面难免会有损伤。陈铁军在追求作品叙事的简明性、通俗性的同时，在作品的表现力度、深度方面难免有所牺牲；而为了写得好玩，他孜孜于追求故事的传奇性，这会使读者感到虚构性太大，从而影响作品的真实感，也就影响了作品的表现力度。

当然，这么说并非指手画脚地要求作家去这样写或那样写，这于事并无太多裨益。只是对陈铁军来说，他的创作思想、他的语言外壳，至今还有着王朔当年的痕迹，包括他关于“写字为生的个体劳动者”的论述，如果不特意注明，人们也许会认为是王朔当年说的（事实上王朔当年也确实这么说过）。如此看来，陈铁军尚不是一个完全的“异人”，他还应该努力，而且他有这方面的能力，他应该写得更好。

## 冯杰:“说古今”的人

昔日的中国乡村不像现在,电影、电视、互联网等,城市有的乡村一样都不能少。说起来,那时的乡村,无电视可看,无互联网可上,无卡拉OK可唱,似乎文化生活非常贫乏,其实不然。那时的每个村子,都有善“说古今”者,会在饭场,更多是在“牛棚”或“马厩”,大说“古今”。“古今”这个词,我家乡的发音更近于“古经”,我至今没搞明白究竟是该写作“古今”还是“古经”。“说古今”其实是个很古老的词,大约指的就是说书,比如“说三国”。“古今多少事,都付笑谈中”,基本就是这个意思。乡村里面有文化,我认为我的家乡是把历史上的“说古今”保留下来了,尽管有些转音。

今天搞学术的人,会研究“说古今”的来龙去脉,认为“说古今”就是说历史。其实,乡村的“说古今”,说的固然有历史,但也有当下,更多是些稀奇古怪的事。“古今”,自然是有古有今才对。乡村善“说古今”者,都是当地的文化人,天地鬼神,无所不知,口才又极好,各种各样的故事讲出来,听得人入迷,夜静更深还不愿或不敢回家。

冯杰就是这么一个善“说古今”之人。这一次,他是在“马厩的午夜”讲妖怪的故事。

妖魔鬼怪之事,孔子不讲。“未知生,焉知死”,所以,“子不语怪力乱神”。儒家文化是中国的正统,“子不语”,场面上就都不说。

儒家不讲，但民间讲，这个也是传统。最早如《山海经》，稍后如《搜神记》，讲的都是这些东西，讲的人也都是冯杰的河南老乡。河南人之外，也有人讲。比如，蒲松龄的《聊斋志异》，俗名就叫《鬼狐传》。还有一位冯杰心仪之人也说妖怪，他叫袁枚。袁枚最早和冯杰结缘，恐怕不是妖怪，而是美食。袁枚好吃，雅称"美食家"，结交了很多厨师朋友，记了很多食谱，搞了本《随园食单》，有文化的厨师和好吃的文化人都读过。冯杰长期生活在长垣，那是中国有名的厨师之乡，讲究吃的冯杰于是结交了很多名厨，据说自己也善做"黄瓜菜"，兜里有本厨师证，而且写了关于厨师和美食的书和文章。如此一来，冯杰就成了很多厨师的知己，成了袁枚的同道。这一次，冯杰又因为妖怪，和袁枚的关系更深了一层。袁枚写了本专记鬼神怪异之事的书，叫《子不语》。"子不语"的当然是"怪力乱神"。袁枚知识广博是出了名的，他以为给自己的书起了个好名字，但很快发现元代说部中早就有同名作品，于是给自己的书改名《新齐谐》。之所以称"新齐谐"，也有出处。《庄子·逍遥游》里说："齐谐者，志怪者也。"于是写志怪小说的人自然就想到用这个名字。六朝志怪是有名的，刘宋东阳曾有《齐谐记》七卷，南朝梁吴均续作了一卷，但现在已看不到全本，只有 17 条传下来。"齐谐"有人用了，袁枚就把自己的作品命名为"新齐谐"，但大家还是习惯称之为"子不语"。

绕远了，回来接着说妖怪。袁枚《子不语》说的虽然是鬼怪，实际映射的还是现实，冯杰也是如此。在"马厩的午夜"里，冯杰一年四季说妖怪。"春雨惊春清谷天"，说的是《春夜的扣门声》；"夏满芒夏暑相连"，说的是《夏天的葵扇》；"秋处露秋寒霜降"，说的是《秋月之窥视》；"冬雪雪冬小大寒"，说的是《冬至后妖怪们都烤火去了》。这四季讲的，大抵是 20 世纪后叶的事。冯杰说的虽然是奇异之事，实际表现的是民风民俗，是借怪力乱神之名表现社会现实，即所谓的寓庄于谐。所以，冯杰描绘的其实也可以看作是中国乡村史。冯杰基本不说现在的妖怪，不知是随着乡土文明的崩溃乡村的妖怪一并消失了，还是现在的妖怪已修成了人形让人无法分辨。

《马厩的午夜》不经意间显示出了冯杰的另一个特长：善讲故事。言简意赅，张弛有度，悬念迭起，引人入胜。故事能讲到这个程度不容易，得了中国传统小说叙事之三昧。而且，虽是在"马厩的午夜"里说鬼故事，但冯杰讲得极雅，语言好，有文人气，得了中国传统散文的精髓。在中国当代作家中，能做到这些的，少之又少。

中原作家群人数众多，但像冯杰这样有传统文人情怀和才气的却不多。袁枚是清代的大才子，博学多闻，有着多方面的才艺。冯杰的才艺比之袁枚，大约只多不少。冯杰最早是以诗人的身份名世的。《马厩的午夜》讲妖怪的故事，冯杰觉得不过瘾，最后还是显露了一下他作为诗人的才情。四季讲妖怪，"季之外"则"体裁异样"，他写了首《捉拿妖怪》的诗，小露峥嵘。

这还没完。冯杰还为每篇文字一一画了插图，题了字，画是文人画，字是文人字，得了东坡神韵的。这是冯杰作为书法家和画家才情的流露。然后，冯杰又开始断评论家的后路，自己附注作评不算，还让"听荷草堂主人"每篇都予注释，与脂砚斋点评《石头记》相仿佛。脂砚斋究竟是谁我搞不清楚，但这个"听荷草堂主人"端的正是冯杰本人。于是，冯杰这本书算是把别人的路都断了。

还好，冯杰没写自序，而是把写序的活留给了我，这是有意给我留条活路的意思，证明有才气的冯杰还有厚道的一面。谢谢冯杰。

# 张鲜明:混沌精神世界的奇幻呈现

2016年5月,张鲜明把一些他命名为“寐语”的文字发给我,希望我给写几句话。匆忙中,我写下了以下这段文字:

面对张鲜明的《寐语》,我承认自己有些错愕,有些发懵,有些不知所措,之前关于文学的判断似乎一下子全部失效,但又无法遏制自己一探究竟的冲动。文体的界限在此一下子彻底消失,它抹平了小说和诗歌间的距离、散文和日记间的距离、幻想和现实间的距离以及民间传统与现代主义间的距离,它是蒲松龄的《聊斋志异》又是卡夫卡的《变形记》,是袁枚的《子不语》又是果戈里的《狂人日记》……它似乎什么都是,又似乎什么都不是,所以它就是“寐语”,一个古老而又全新的存在。

鲜明的这些文字后来发表在《大家》上。我相信这些文字确如其作者的名字,特色“鲜明”,我以为是给长时间以来小说写作拘于写实的沉闷表达带来了一股清新之风,或者毋宁说是一股凌厉的旋风。

鲜明的这组文字被他称作“寐语”,说白了就是“梦话”。文学写作曾被弗洛伊德称为“白日梦”,他也总是通过梦境来解析人的深层精神世界。弗洛伊德也因此为文学表达开辟了一个全新的空间。所以这么多年来,从作者到读者,大家都习惯了虚构,习惯了为满足人的某种潜在的欲望来编织故事,习惯了各种各样的意淫。

而当鲜明真的把梦境原封不动地呈现在读者面前时,却让人感到异常错愕。我们每个人都有讲梦的经历,总是会为自己奇特的梦境感到惊奇,令讲述者和听闻者都觉得津津有味。鲜明就是把自己的梦境集中呈现给了读者,它带来的阅读冲击远不止是新奇那么简单。

中原作家群具有关注现实、注重意义的写作传统,这是他们能长时间屹立于中国文坛的重要原因之一。但是,注重文本的表达也是河南作家的一个优秀传统,且不说以先锋写作著称的李洱、墨白、行者等,即使写作以内容厚重见长的李佩甫、周大新、刘震云等,也都在表达方式上进行了长期持续的探索。鲜明的写作则从内容到形式两方面,都具有十分重要的探索意义。从内容方面讲,鲜明的表达更多是对人的内在精神世界的曲折表达,对深入理解人的内在精神世界有着积极的意义;从形式方面讲,作品很好地穿越了文体的界限,使表达更为自由,并能带给读者更新鲜的阅读体验。

鲜明由诗歌写作进入文坛,又曾以幻像摄影引起过广泛关注。从他的诗歌写作和摄影表达上可以看出,他是一个对于世界、宇宙和人的内心世界的神秘性十分好奇的人,魔幻、玄幻、奇幻对他而言不是一种表达方式上的选择,而是内在的精神认同。他的《寐语》也正是由此而创作的。

《寐语》的表达,我以为是一个混沌的精神世界,蕴藏着无限的秘密,因而有无限的解读可能。作为一种文学探索,这是非常有意义的。但作为一种文学表达,如何在奇幻的景观中实现意义的传递,以使文本显得更为有效,恐怕是作者需要解决的一个新课题。

# 王国钦:向诗词创作的坚守者和开拓者致敬

古人云:天下者,非一人之天下;王者,必得国人钦服始可为之。是谓王国钦。

前面的话,虽系调侃,说的其实是正理。当今诗词界,差不多就是一方自足的天下,众生芸芸,百业兴旺。在河南诗词界,国钦是名人、大家,有目共睹。而就新词、度词来说,国钦是当然的“王者”,而且是开国之“王”。

我因受家庭影响,从小对旧体诗词就多一份喜爱。大学期间所选课程,也是诗词方面多一些。比如宋词课,就是叶嘉莹先生亲自上的。毕业之后,一直从事当代文学评论和研究工作,于旧体诗词的缘分基本只剩一些亲朋间的应酬唱和。但这些年来,旧体诗词创作在民间却是日益红火,作者队伍也不是很多人主观臆测的以老干部为主,而是遍及老、中、青各年龄段各种职业各个阶层。诗词创作的这种状况,倒逼文艺主管部门(当然也包括我所在的文学评论界)必须对当下的诗词创作予以更多的关注。其中,国钦就是向我提意见最多的一个。他反复提出:当代文学评论不应该忽视诗词创作,当代文学史中关于诗词创作应该有相应的篇幅。我承认他讲得很有道理,我本人也对诗词创作情有独钟,只是旧体诗词创作相对而言作品分散,对评论者自身旧体诗词修养的要求较高,使我不敢轻易置喙。但无论如何,我参加的河南诗词界活动开始逐渐多了起来，对河南的诗词创作也有了更多的了解。2012年，当《河南当代诗词选》在河南文艺出版社出版之际，我曾愉快地应邀为之作序。

实际上不只是我本人，文学界、文艺主管部门以至全社会，对旧体诗词创作的重视程度都在不断增强，比如鲁迅文学奖已经把诗词作品纳入了评奖范围。多年以前，河南省的文艺成果奖就把诗词纳入了评奖范围——印象中，国钦是唯一以旧体诗词创作得奖的诗人。

在河南诗词界，国钦是一位优秀的创作者，同时也是一位热心的组织者，还是一位慧眼独具的鉴赏者和评论者。更与众不同的是，他还是度词、新词的开创者。

作为创作者，国钦创作了大量优秀的诗词作品。国钦的创作，其实是从新诗开始的。“文革”结束之后，高校恢复招生，国钦于1979年考入了河南大学。河南大学有个文学社团叫“羽帆诗社”，至今仍在活动，从中走出了很多有名的诗人。国钦正是“羽帆诗社”的创始人之一、第一届社长。新诗写作的训练，使国钦在转入诗词创作后，能够用新诗的意象把现代生活作为诗词表达的重要内容，而不只是把精力放在字、词、句的锤炼和平仄的推敲上，从而避免使诗词创作变成缺乏现实意义的文字游戏。同时，国钦的诗词创作又合乎诗律词律，讲平仄、守法度，更注意意境的营造。如此一来，读国钦的诗词就会发现，其作品包罗了现代生活各方面的内容，具有现代精神，同时又有着中国古典诗词的韵味，确实是非常优秀的作品。

作为组织者，国钦是中国毛泽东诗词研究会和中华诗词学会的常务理事、河南诗词学会的副会长。他还曾长期担任河南诗词学会的常务副会长兼秘书长，组织了大量全国性的诗词征文、评奖等活动，并主持编选了多种诗词选本。近些年来，我和国钦一起参加了很多诗词大赛的评审工作。国钦每次评选都非常认真，评出的作品都能得到社会和业内的认可。在参加这些活动的过程中，我也对国钦在河南诗词界的影响有了进一步认识。每到一地，总会有大量诗词爱好者对国钦赞不绝口。应该说，国钦和他的同道者对诗词活动不遗余力地组织，对推动河南的诗词创作确实发挥了非常重要的作用。

作为诗词的鉴赏者和评论者，国钦不仅具有深厚的理论素养，更有着创作实践的切身体会，因此对作品的分析评论能够准确到位——这也是不懂创作的评论者所不及的。在诗词的鉴赏、评论方面，我曾读到过国钦的不少文章，确有见地。他这方面的文章曾结集出版，有着很好的反响。他即将出版的《知时斋说诗》一书，即涵盖了当下诗词创作理论、经典诗词作品和名家诗词赏析、诗词作法、诗词创新问题及当代诗词创作入史问题等许多方面的内容。这些内容，对掌握诗词创作的基本规律、提高创作和鉴赏水平、理解当下诗词创作的状况和其他问题都相当有益。因而可以说，这是一部很有价值的著作。在河南诗词界来说，也是对诗词评论著作出版空白的一次填补。

作为诗词界大胆的创新者，国钦在近30年前就提出了度词、新词的概念，不仅得到了许多创作者的响应，还取得了相当的成就。由于语言自身的演变，现代汉语在音韵方面与古代汉语已经有了很大的差异。具体到诗词创作实践，关于用韵、平仄等问题，究竟该遵从古代的读音还是该依照当下的读音，诗词界争论不小。国钦在本书的“说诗法”部分给出了他的答案，其中不乏一些灼见。他认为：既要尊重中华诗词传统，不反对根据旧有格律进行创作，又需结合当下实际与时俱进。度词、新词理念的提出，恰恰就是他对于适应新韵、旧韵“双轨并行”现实的一种创新实践。尽管这种理念目前还有一些人并不赞同，但作为一种有益的探索，它对拓展诗词创作的道路，寻找诗词创作新的可能，显然有着积极的意义。我们期待他更多脍炙人口的创新作品得到更多读者的认可！

在《知时斋说诗》即将付梓的时候，国钦嘱我为该书写几句话。我虽力有不逮，却义不容辞。因此，真诚地写下以上对国钦及其诗词创作和评论的一些看法。重要的不是一定要说些什么，而是要表达一份敬意。我以为，正是因为有国钦和他许多同道持续坚持的诗词创作，持续坚守着中国诗歌的优秀形式，中国伟大的诗歌传统才能一直绵延不绝。

借此机会，我要向国钦和他的同道致敬！向中国伟大的诗词传统致敬！

# 傅爱毛:出生入死

认识傅爱毛是从《瓜田里的郝教授》开始的,在我的印象中,这篇刊登在2000年第3期《清明》上的作品是傅爱毛正式发表的第一篇小说。这个以奇异的构思、冷峻的笔调完成的围绕死亡展开的叙事,成为此后傅爱毛创作的基调,也使孤僻寡言甚至有点自闭自卑的傅爱毛的文坛亮相有那么一丝惊艳的味道。此后的几年里,傅爱毛以惊人的速度创作出了一大批中短篇小说,在全国产生了广泛的影响。仔细阅读这些作品,我们发现有很多都是围绕死亡展开的。如《B大校园的火光》《遗落在站台上的包裹》《嫁死》《空心人》《樟木箱子和核桃树》等,故事基本上都是围绕死亡展开的。即使《北京媳妇》这个描写生活在豫西农村的顾老太迎接北京来的媳妇时的心理与行为的作品,主人公最后也疑似死亡。可见,死亡其实是傅爱毛作品的基本主题之一。《天堂门》同样如此。

《天堂门》开篇即向我们展开了一个时髦的网恋网婚故事,让我们误以为这将是一个才子佳人"御沟流叶"传奇的网络升级版。故事的进展当然再次证明我们的猜测还是错了。在《遗落在站台上的包裹》中,傅爱毛描写了人们对殡仪工的歧视或者说是敬而远之。《天堂门》的主人公端木玉同样在殡仪馆,从事遗体整容工作。还有两个连名字都不知道的男人,一个是做供死人在另一个世界享用的纸扎的瘸腿哑巴,另一个是看尸工驼背老张。他们因工作关系和身体的残缺，几乎都过着与社会隔绝的生活，让捏泥人、吹唢呐、与死尸交流等成为自己主要的精神生活。作为一种拒绝承认或否认死亡的方式，人们也把死亡叫作“升天”，从而把死亡看作是在另一个世界的出生，并以此使死亡这个无法回避的问题得以消解。如果说死亡就是升入天堂的话，端木玉他们就是守在天堂门口以自己的技艺使每个人都能体体面面进入天堂的送行者。除了“风吹草低”这个生活在虚拟世界的人物外，《天堂门》还描写了一个生活在现实中的人物，他叫刘志远，是个晚期艾滋病患者。这个相貌堂堂的青年只是因为身患绝症才意识到了死亡这柄利剑正高悬在自己的头顶，随时可能掉下来结束自己的生命。傅爱毛其实是用这样一个偶在个体看似偶然的事件，向我们揭示了人类生存的普遍本质：人生就是一步步走向死亡，而且行进的步伐随时都会中止，每个人都像艾滋病患者刘志远一样，不管多么志存高远，都去日无多。所以从根本上说，人们对殡仪馆工作人员的回避或者说把一切与死亡相关的人或物视为禁忌，只是缘于对死亡的巨大恐惧。也许在人们的内心深处，远离与死亡相关的人或物，似乎就远离了死亡，死亡对自己的威胁就被搁置了起来。傅爱毛一次次写到死亡和与死亡相关的人或事，似乎是要提醒我们，死亡对任何人来说，都不是在遥远的未来才会发生的事，它就是一只躲藏在前面不远处阴影里的怪兽，随时会扑出来吞噬掉我们的生命。

人类是一种在有限的肉身中听任精神去追求无限的奇怪动物，它因此始终在有限与自由的刀口上饱受煎熬。这就是人类存在的基本困难和根本痛苦。丹尼尔·贝尔在《资本主义文化矛盾》一书中说：“文化本身是为人类生命过程提供解释系统，帮助他们对待生存困境的一种努力。”他认为：“真正富有意义的文化应当超越现实，因为只有在反复遭遇人生基本问题的过程中，文化才能针对这些问题，通过一个象征系统，来提供有关人生意义变化却又统一的解答。”文学就是对待人类生存困境的一种努力。傅爱毛的小说正是从人生的基本痛苦出发建构起来的，这使她的写作一开始就显得出手不凡。应该说，对死亡的清醒认识或者说生命意识，使她的小说具有了坚实的思想基础。

在《天堂门》中，端木玉的恩爱牵挂都是发生在虚拟世界中的，她现实的生活状态是每天面对死亡、以自己全部的技能使死亡显得更美一些，而这其实就是人的生存状态的一种隐喻。每一个人在世的时候，不管如何努力去获得更高的地位、更多的财富、更大的名声，也许都不过是为了使自己死得更漂亮一些。自尼采宣布“上帝死了”之后，西方现代主义思潮开始兴起，它的一个基本特征就是在无神的背景下正视人生的基本问题，直面死亡，向死而生。海德格尔哲学的核心就是直接面向生的有限性，期望以诗意栖居的方式来超越虚无的焦虑、死亡的焦虑。而中国传统文化则期望通过“立德、立功、立言”实现精神的永恒并以此超越死亡的焦虑。傅爱毛虽然同样正视死亡这个人生的基本痛苦，但她的关注点在当下的存在，她期望通过人与人之间的交流、沟通、理解、爱来获得现世的幸福，以此超越死的焦虑。在《天堂门》中我们看到，端木玉写下随机的数字拨打电话、花钱雇人陪聊、开展网聊网恋网婚等，都是在不断寻求与人的交流、沟通，根本上说是在寻找爱。但是，这样的交流和爱似乎只有在网络这个虚拟世界中才能实现，而网络世界的生活则只是对天堂生活的虚幻想象。在现实世界中，因为身体的残缺，如端木玉的丑陋、纸扎人的瘸哑、老张的驼背等，他们与人的交流、沟通出现了障碍；在傅爱毛前期的作品如《空心人》《樟木箱子和核桃树》中，性的无能则成为主人公无法与人沟通相爱的根源。而这种身体的残缺或者说人自身的不完美似乎成为人存在的最大焦虑。傅爱毛其实是通过这样的方式，把死的焦虑转化成了生的焦虑。在这一点上，傅爱毛的思想也许迫近了列维纳斯。

当然，对于一篇好的作品来说，仅仅有这样的思想还远远不够，重要的是通过恰当的载体进行良好的表达。傅爱毛小说的一个突出特点是善于用新的经验、新的生活元素去表达人生的基本问题。其实对于一切文学艺术作品来说，就是要不断用新的人生经验、新的生活元素去处理人生的基本痛苦，正如丹尼尔·贝尔所说，“在文化中始终有一种回跃，即不断转回到人类生存痛苦的老问题上去”。在《天堂门》中，傅爱毛写到了陪聊、电聊、网聊、网恋、网婚等当下新鲜的生活元素，甚至写了带有恋尸癖倾向的怪异经验，这些都为作品带来了很好的可读性。傅爱毛小说还有个突出特点就是故事情节的奇特、怪异甚至略显荒诞，这使傅爱毛的小说总能给人带来阅读的期待，并使之享受到阅读的快感。而就作品本身的表达来说，傅爱毛其实是把人生、人性的基本问题以较为极端的方式展现出来，放大给我们看，从而使作品具有更强的表现力。

《老子》第十五章叫“出生入死”，《韩非子·解老》将其解释为：“人始于生而卒于死，始之谓出，卒之谓入，故曰，出生入死。”“出生入死”说的就是人的一生，出“天堂门”开始生的历程，入“天堂门”走进死亡。在《天堂门》中，端木玉是守在“天堂门”门口的，天天都要把一些人打扮得漂漂亮亮地送进“天堂”；最后，她打开自己的“天堂门”让一个新生命来到人间。也许，傅爱毛还是相信爱的，所以她让端木玉得到了爱，并让一个新的生命，其实也是一个新的人生循环重新开始。

“出生入死”的那道门是“天堂门”，而《天堂门》正是对人生基本问题很好的表达。

# 刘海燕：她，她们

她：刘海燕。

她们：弗吉尼亚·伍尔夫、玛格丽特·杜拉斯、卡米耶·克洛岱尔、索妮亚·安德烈耶芙娜·托尔斯泰娅、西蒙娜·德·波伏瓦、露·安德烈亚斯·萨乐美、汉娜·阿伦特。

将刘海燕和十九、二十世纪人类文艺史、思想史上最具影响力的这七位女性联系固化起来的，是一本名叫《如果爱，如果艺术》（河南文艺出版社 2008 年版）的书。在这本书中，刘海燕以饱含情感、极具美感而又放射着思想光芒的文字，以诚实的态度娓娓向我们讲述并深入分析了这七位女性对待爱情、文学、艺术、社会现实的态度及她们作为女性独特的思考和行动。

十九世纪之前，在人类漫长的文学史、艺术史上，除个别女性偶一闪光之外，女性作为整体基本处于缺席状态，思想史更是几乎没有女性的任何地位。《如果爱，如果艺术》介绍的这七位女性，除索妮亚保持着生活在托尔斯泰阴影下的传统女性形象外，其他几位都有着或激烈或复杂的情感生活，甚至有惊世骇俗的行为，并在文学史、艺术史、思想史上占据了自己的一席之地。可以说，她们以自己独到的文学、艺术、思想以及特立独行的生活、生命方式，为女性的成长史写下了浓墨重彩的华章。

作为一名女性写作者，刘海燕如此满含激情地书写她们，最初和最终的原因我想可能都来自于她对人生的诸多困惑和深入思考。在当前这个物质利益被绝大多数人当作唯一或最终追求的时代,写作要么是完全成为一种商业化、职业化的行为,要么就是一件非常滑稽可笑的事。而刘海燕执着的坚守与坚持,证明了写作、阅读、精神生活对于人生的重要意义。在《如果爱,如果艺术》中,刘海燕借助这七位传奇女性的人生经历、情感现实和思想艺术,向我们展示了一位女性如果去爱、如果去艺术,其人生将会呈现出一种什么样的状态。

阅读《如果爱,如果艺术》,我们会对书中介绍的这几位女性的文学、艺术、思想有更深入的理解,对她们在艺术史和思想史上应有的位置有进一步的了解。同时,我们也对她们身后男人的天才创造,比如托尔斯泰的文学、罗丹的雕塑、海德格尔和萨特的哲学等,有更深入的理解。可以说,《如果爱,如果艺术》完成了一次思想的再发现,它为我们打开了一条不是作为知识而是作为生命体验的进入十九、二十世纪最伟大思想的通道。

当然,《如果爱,如果艺术》远非只是几位富有传奇色彩伟大女性的评传那么简单。对这本书,我更愿意把它看作是刘海燕作为一名女性对生命意义的寻求、对精神生活在人生中位置的确证。在这本书中我们看到,作者对这几位女性各自不同,甚至完全相反的情感、人生道路和爱情、生活方式的选择,都给予了充分的理解和尊重。而这一切我想可能正是缘自作者作为一名女性对人性和人的情感现实深入的体察和细致入微的理解。刘海燕通过这几位伟大女性所要完成的,其实是对在情感欲望和伦理道德的矛盾冲突、挤压撕裂状态下,女性的存在处境和存在意义的思考与探索。而这一切的基础,显然在于作者对自由生命的充分理解和尊重。

通过《如果爱,如果艺术》,她,刘海燕,与她们,十九、二十世纪间七位伟大女性，实现了彼此照亮。七位女性通过刘海燕得到了重新表达，而刘海燕也通过这七位女性完成了自我表达。而这种表达，对我们每一个人，特别是对于占据半边天的女性，重新审识和认识生活、生命的意义和价值，无疑具有极为重要的意义。

现在，《百家讲坛》受到狂热追捧的现象可以表明，在基本温饱解决之后，很多人开始不再单纯重视物质生活，而是对精神生活有了追求，开始尊重知识、尊重思想，但注重精神生活不只是看看电视讲座或欣赏流行音乐那么简单。刘海燕的这部书重点探讨了“思考对于维护人类生活的重要意义”，她对生命、艺术、思想的深入思考，可以让我们从人性的最深处去理解他人，其实也是理解自由生命对每个人的意义。所以，与其费时间去喝电视等大众传媒提供的心灵鸡汤，何不多读读《如果爱，如果艺术》这样有思想深度并能促使我们对生命价值有更透彻理解的作品呢？

阿伦特曾这样向布吕歇尔推荐海德格尔的《林中路》：“这是值得一读的好书，我会带给你。”

现在，我想借阿伦特的这句话，向大家推荐刘海燕的《如果爱，如果艺术》：这是值得一读的好书，我应该推荐给你们！

# 李洱:每一块洋葱片都是辣的

我和我的同事们很早就知道李洱在写长篇,但他第一次和我谈起这部小说的有关情况,是在作品快要杀青的时候。那时他也只是简单地说写的是瞿秋白那代知识分子,通过多个视角进行叙事。关注知识分子的生存状态、精神世界及其在社会中的处境,是李洱小说创作的一贯主题;而特别重视叙事策略、叙事技巧,则是李洱及许多注重形式探索的作家创作的共同特点。所以对于李洱所说的情况,我除了对他忽然把目光转向三四十年代略感惊奇之外,总体上说觉得再正常不过。同时我更觉得,新生代也好,先锋写作也罢,他们的形式探索之路看起来仍很漫长。对于叙事策略、叙事技巧的过分重视,恰恰表明这些写作者的兴奋点依然停留在形式的东西上面。问题更在于很多人已经把形式当作了内容,把手段当成了目的,他们欣然于自己施展的叙事手段的精巧,流连于自己玩弄的叙事技巧的花哨,沉迷于自己设置的叙事圈套的繁复。所以我们看到的现实情况是,一部分曾注重形式探索的作家回归了传统,一部分则依然在探索之路上兜圈子并自以为已成正果。因此我觉得这些探索者们的写作于走向成熟可能还有一段距离,正如中国古代对格律诗的形式探索盛于六朝,而格律诗的真正成熟则在唐朝。

《花腔》在《花城》发表之后,一次李洱问我,读过这篇小说没有，感觉怎么样，并用一种自信又自得的神情说："还站得住吧？"我当时跟他说，比我原来想象的要好得多，是他所有作品中最好的一部，他可以像李佩甫一样拍着胸脯说自己无愧于中国作家的称号了。这些话确实并非我对他的当面奉承之辞，其实在阅读作品的时候，我已经有了这样的认识：《花腔》是李洱创作走向成熟的标志性作品，同时也是新生代作家以及先锋写作走向成熟的一个标志。

对于《花腔》表现出的历史观，很多文章都有所涉及。通常，多视角的叙事总是趋向于对真实和意义的颠覆与消解。在《花腔》中，李洱通过多视角的叙事明确表示了对绝对的历史真实的怀疑。其实，历史与现实、真实与虚构、记忆与遗忘之间扑朔迷离的关系，正是李洱一向关注与探讨的问题。《花腔》以破解葛任的生死之谜为中心来展开叙事。三位当事人对事情经过的口述是一个方面，作者称之为正文，用表示"在"的"@"(at)标识；作者的叙述及大量引文是另一个方面，作者称之为副本，用表示"和"的"&"(and)标识。正文和副本互为补充和说明，共同构成了完整的作品。那么，李洱何以要用多视角的方式进行叙事呢？当然，每个人都有好奇心，都有了解事实真相的渴望与冲动，这样的叙事多少有点类似于侦探小说，一直有种悬念在吸引着读者，使读者能始终保持阅读的兴奋和期待。而这显然并非李洱采用多视角叙事的根本目的。对于一个总是对真实、对记忆保持警惕和怀疑态度的作家来说，被话语霸权笼罩着的以单一视角展开的线性叙事本身并非完全值得信赖，以这样的叙事来处理真实与虚构、记忆与遗忘之类的关系，将会陷入逻辑悖论当中，显得非常滑稽。因此，李洱所采用的可以变换阅读顺序的多视角的叙事实际上包含着颠覆线性叙事话语霸权的意味，这样的叙事相对来说更具民主性。从整体上说，这样的叙事由于为阅读者提供了更多判断的依据，也显得更为真实和可信。

但是,如果李洱以如此繁复的叙事传达的仅仅是葛任所处的三四十年代的知识分子在社会政治历史中的追求与命运,那么它将仍然只是一部平庸的作品。《花腔》通过三个当事人的讲述和大量的引文来叙述同一个到最后都搞不清真相的历史事件,传达出了李洱眼中“真实”是一个虚幻的概念、历史是被讲述出来的历史观。但仅止于此,作品可能就陷入了历史虚无主义的泥淖中。这部作品的特别之处在于作者通过白圣韬、赵耀庆、范继槐三个当事人分别在战争年代(1942年)、政治运动(1970年)、商品经济(2000年)三个不同时代对同一事件的讲述,当然还有各个不同时代人的其他讲述,不仅向我们描述了处于革命运动旋涡中的葛任的命运遭际,同时由于“视界融合”以及讲述者所处时间和环境的不同,每个人的讲述都呈现出各自不同的特点,在使作品显得更为生动、有趣、有滋有味的同时,每个人不同的讲述方式本身即折射出同样作为知识分子的讲述者在各个不同时代的遭际。因此,可以说《花腔》实际上展现了作为“个人”的中国知识分子在整个二十世纪各种社会政治经济运动中的生存处境、精神追求和命运遭际。这样一来,叙事本身不只是作为手段而存在,而是成为它自己的对象,成为内容和目的。这样的叙事显得特别有张力,特别意味深长。拿李洱在作品中以洋葱为例的比方来说,如果葛任的生死之谜是洋葱心的话,每个人的叙述便是一块块洋葱片。尽管洋葱的中心是空的,但每一块洋葱片都有着同样的辛辣。最重要的其实就是这些,只要每一块洋葱片都是辣的,都够味,这就够了。

# 鱼禾:通过她们写出自己

这是一个写作女性对五个写作女性的书写。

几年前,刘海燕做过同样的书写,出版了《如果爱,如果艺术》。这本书去除了我对书中所写女性一些顽固的误解和偏见,并对刘海燕有了新的认识,于是写了一篇名为《她,她们》的短评。这次,“她”成了鱼禾,“她们”则是多丽丝·莱辛、杜拉斯、茨维塔耶娃、苏珊·桑塔格、伊萨克·迪内森。这本书叫《非常在》。

《非常在》带给我的自然不只是对这五位非凡女性的深入理解这么简单。当然,对于普通读者来说,通过本书来认识这些在20世纪曾产生过巨大影响的知识女性、思想女性,从而对20世纪知识界普遍关切并对今天仍有影响的一些重要问题有深入的认识,确实是一条良好的捷径。单此一点,本书就有着重要的阅读价值。我要谈的,更多集中在鱼禾及其写作方面。

如果说刘海燕的写作明显还有女性写作者对女性写作者的理解、感悟、解读的话,鱼禾的写作则较少显示出性别的特征。这是我刚开始阅读鱼禾的这本书稿时随手记下的一句话。单从行文风格来看,似乎的确如此。在谈到多丽丝·莱辛时,鱼禾特别注意到了莱辛对普通人应该承担的罪与罚的重视,继续阿伦特的思想深入思考了普通人的恶。而对于杜拉斯的种种作为,鱼禾从其童年经历出发理解了杜拉斯的切肤之痛。她特别引用了杜拉斯的一段话:“如果从一个人的童年出发考虑问题,那么所有的生命都值得无限同情。”由此对作为个体的生命有了深刻而充分的理解。甚至在鱼禾以不小的篇幅谈论多丽丝·莱辛对爱情与性的思考时,也更多地表现出的是理性和知性。表达对人生、对写作者的人生包括对爱情、人际关系、艺术态度等各方面的深刻理解,也许是鱼禾书写这五位写作女性的初衷。于是,通过多丽丝·莱辛,鱼禾发现:“与其说‘我是艺术家,因此是男女同体’,不如说:我创造,因此是许多人。”通过茨维塔耶娃与里尔克、帕斯捷尔纳克的通信,鱼禾对人的孤独与理解、对灵魂之爱与肉体之爱的关系等,有了进一步的发现。通过伊萨克·迪内森,鱼禾深刻地体会到:“关于命运与梦想,关于生存的尊严与完整性,是伊萨克·迪内森,恐怕也是每一个写作者,始终不能回避的问题。”鱼禾通过这五位女性表达的对写作、对人生超越性别的理解,对每一位阅读者来说,不仅可以深入理解这些写作者,更可以深入地思考人生的意义究竟在哪里,应该怎样经历自己的人生。

然而,在看到鱼禾从理性分析的角度来理解莱辛等写作对象的同时,同样可以感受到感性因素的参与对鱼禾理解其写作对象的帮助。在谈到刘海燕的写作时,我说过这样一句话:“作为一名女性写作者,刘海燕如此满含激情书写她们,最初和最终的原因我想可能都来自于她对人生的诸多困惑和深入思考。”我想,这句话放在鱼禾这里应该同样适用。杜拉斯近年来曾被反复解读,写杜拉斯想写出新意已经变得异常困难。鱼禾对杜拉斯爱情和写作独到而深刻的理解,显然得益于感性因素的介入。通过杜拉斯,鱼禾解读的不只是杜拉斯的爱情,而是爱情对于女性究竟意味着什么,或者说爱情对于女性来说究竟有什么意义。写杜拉斯时,鱼禾用的题目是“爱上爱情”。鱼禾对这个命题的解读有两重:一是设定,即对理想爱情不切实际的预设,并使现实的两性关系成为印证或模拟;二是自我,即爱情的对应性被忽视,对方成为自我情感和肉欲的投影。爱上爱情的当然并非杜拉斯一人,茨维塔耶娃也差不多如此。鱼禾写道:“简直无可救药——这是茨维塔耶娃一贯的爱情,她习惯于建立一个幻象,将之赋予某个正在相爱的人,她从幻象那里看见她所渴慕的、在实在的人身上总是难能完善的特质——精神、美德、高尚的爱,而完全不在意对方的真实。”向往爱情,爱上爱情,这其实是无数女性爱情观的本质。我以为,这样的理解已经超出了对爱情本身的理解,成为对女性精神特性的深刻认知。

进而,鱼禾对其写作对象,有的不只是理解,简直是向往。我感觉,苏珊·桑塔格差不多已成为鱼禾的楷模,不仅她行走、写作的生活方式对鱼禾产生了影响,她对待写作的态度与方法同样对鱼禾产生了很大的影响。桑塔格在《恩主》中“缺少人物塑造,也缺少情节推进”的写法令多数读者难以接受。鱼禾清楚地知道这一点,但显然不以为意,甚至认为这是一种很好的表达方式,她说:“苏珊·桑塔格不关心故事,她关心的是‘问题’。所以,故事被她毫不吝惜地撕成碎片,成为问题的依据和例证。”于是我们看到,鱼禾的小说《情意很轻,身体很重》与《恩主》在表达方式上呈现出了颇多相似之处,小说写作所注重的故事在桑塔格、在鱼禾这里都退居到了次要的位置。也许鱼禾的《情谊很轻,身体很重》表现出与桑塔格的《恩主》类似的特点仅仅是一种巧合,但我更愿意相信鱼禾在写小说的时候是受到了桑塔格的影响,并自觉成为桑塔格的追随者。

因而,我一开始关于鱼禾的写作较少性别特征的判断显然太过随意,鱼禾从根本上说是以自己写作、爱情、生存的体验为基础来理解这些伟大女性的写作、爱情、生存的。茨维塔耶娃说:“诗歌通过我写出了自己。”套用这句话,我们其实也可以这样说,鱼禾对五位写作女性的书写,不过是通过她们写出了她自己。

## 外一篇:小说该怎么写

鱼禾的文学创作始于小说,1995 年《莽原》发表的中篇小说《淹留》是她的处女作。一段时间里,鱼禾创作有中篇小说《摇摇晃晃》《数码时代》《在黑夜里凝望》《谁的国色天香》《太没面子》《演出》及短篇小说《溺水》《鬼使神差》《有病》《墙里秋千》《手舞足蹈》《喜爱陌生人》等。这些小说所显露出的写作才华,让只见其文不见其人的鱼禾在河南文学界成为一个令人好奇的神秘人物。在经过了相当长一段时间的蛰伏之后,传说中的鱼禾终于出现在大家面前,以其带着尖锐思想和锋利语言的散文、随笔写作,受到广泛的关注。

但鱼禾写小说的“贼心”始终未死,似乎是转眼间,她就拿出了一部长篇小说,名字叫《情意很轻,身体很重》。

这部小说依然带着她散文、随笔的特点,是面向内心世界、面向精神生活的写作,但不复有当年《淹留》的生活气息和韵味。坦率地讲,作为小说,我不认为《情意很轻,身体很重》是一部非常成功的作品。但是,这并不意味着这部作品就没有价值,恰恰相反,鱼禾对当下人精神生活、存在意义的思考和书写,对当下中国普遍的文学创作现实,还是很有意义的。

在鱼禾创作《情意很轻,身体很重》之前不久,梁鸿的《中国在梁庄》成为中国文学界热议的一部作品。梁鸿也出生在河南,是一位和鱼禾年龄差不多的女性学者。作为一名文学研究者和评论家，梁鸿通过对家乡现实的观察，写出了一部非虚构的文学作品。而鱼禾作为一个创作者，在努力用文字表达自己的思考和对个体存在的认知。这真是一个有意味的现象：评论家放弃自己惯常的理论表述方式，用创作的方式来记录现实；作家把现实的故事放在一边，努力表达自己的思想。

这两部作品能引起大家的重视并广泛讨论，其实说明了人文知识界对当下写作的整体不满，表明当下的写作到了需要变革的时候了。

中国的小说写作，自 20 世纪八九十年代先锋小说退潮之后，日益向简单写实这个方向滑落，一步一步变成对鸡零狗碎津津乐道的表述，精神向度日益缺失。现在评论界提到中国当下的小说时，总会说作家缺乏想象力；全社会提到当下的小说时，会说小说描写的远不如现实生活丰富和精彩。从简单写实滑向复制生活，我们的小说不仅没有让文学圈内的人满意，也让全社会的读者不满。其实道理非常简单，在电视、网络普及，资讯如此发达的时代，社会生活本身的丰富多彩早已被大家充分认识，文学如果仅止于复制生活，将永远落后于生活，永远无法让读者满意。小说作为个人经验、社会经验的记录，应该通过有限的文字表达出这种经验的独特性、丰富性、微妙性，应该有能力通过一个叙事的链条对这种经验做出精当的解释。从这个意义上讲，文学创作永远需要有灵魂、有方向。鱼禾的《情意很轻，身体很重》，就是进入个人的内心世界，对个人的存在、个人的情感、个人的精神进行深入的思考，这样的一种写作才显示出了它的价值和意义。

由此更进一步，我觉得面对当下的写作状况，作为专业从事写作的这样一些人应该认真思考，我们到底为什么写作？我们该怎么写作?

文学创作,或者更具体地说小说创作,早已不再是为读者提供生活景象这么简单的一件事。特别是在信息泛滥的背景下,生活故事化或传奇化的写作,面对光怪陆离的现实难免黯然失色。小说创作不只是要讲一个或一系列故事,而是要通过叙事,传递我们对个人、社会、世界的理解,要有自己精神的建构,要有思想的深度,要对时代的问题做出自己的回答。小说是一门叙事艺术。大多数作家在写小说的时候,写作冲动往往来自于讲故事的冲动,于是对故事的推进,是完成小说的基本动力。把故事讲完整,这是大多数小说家最基本的想法。因此,如何通过叙事来完成精神的建构和思想的传达,是小说家需要考虑的重要问题。

然而,与一般小说家的写作源于把故事讲好的冲动不同,鱼禾的写作显然源于表达自己精神思考的冲动。如果说一般作家以这样一种把故事讲完、让人看起来有意思的写作是面向读者的写作的话,鱼禾的写作可能更多是面向自我的一种自在的、自足的写作,较少考虑读者接受的需求。但是作为小说来讲,它还是有一个文本要求,小说的特征就是思想的表达、精神的传递,要通过叙事来完成。如果不是通过叙事来完成思想的表达,这个小说在艺术上就是有缺陷的。因为表达思想,我们可以用一篇论文来完成,也可以用一篇散文来完成,还可以用其他各种各样的文体来完成。如果我们仅仅是考虑能把我的思想表达出来就行了,那不一定非选择小说这种文体,既然选择用小说的方式来表达,就应该尊重它的文体特征。鱼禾的这种写作,尽管我们可以用自足的、面向自我的写作等观点为其开脱,但作为创作来讲,毕竟不像日记,还是要给大家看的,还是要考虑小说本身的文体特点。作为叙事艺术,小说需要重视故事,重视故事的细节,需要有一个总体的结构,对故事的大体框架以及支撑它的细节，都要有很好的考虑。

所以我觉得，《情意很轻，身体很重》这部作品，从小说作为叙事艺术本身的文体特征来衡量，确实有其不足的地方。但另一方面，这样一种写作确实反衬出了当下小说写作总体上存在的问题，促使我们思考、讨论，使我们的小说创作能沿着一个正确的方向前进，拿出无愧于这个时代的优秀作品。

# 张晓林：说的是宋朝书家那些有意思的事

2002年10月，河南省文学院迁到现址办公，为期一年的首届高研班同时开班。当前河南活跃的中青年作家，出身该班者众。其中不光文章写得好还能写得一笔好字、深得中国传统文人情趣者，非冯杰和张晓林二位莫属了。

尽管如此，在此后很长一段时间里，我与晓林的交往并不多，他在我脑子里最早留下的是小说家的形象。大约2011年前后，晓林和孔羽、孙玉亮三个开封籍的小说家准备联手举办名为"夷门三友"的研讨会，找我协商相关事宜。为此，我系统阅读了他们的相关作品，由此对晓林和他的小说创作有了更深入的了解。不过，后来会议因故未能开成，但由此开始，我与晓林的来往便多了起来。后来，晓林接手了《东京文学》杂志，一门心思想把杂志的品位搞上去、把开封文学搞上去，希望我能帮着做些工作。从此，由参与杂志社主办的"蔡文姬文学奖""东京文学奖"开始，我和晓林有了较多的合作，对他的为人做事有了更深入的了解。去年，杂志社正式更名为"大观杂志社"，向文学、书法、收藏等多个领域拓展，并期望能够和文学院进行更深入的合作。基于对晓林的信任，河南省文学院决定与大观杂志社联办《大观》杂志的上旬刊《大观·东京文学》，由我担任编委会主任。于是，我和晓林成了经常见面的密切合作者。大观杂志社能和河南省文学院合作，具体说我和晓林能够合作，首先缘于把河南文学事业搞好这一共同的使命感，同时也缘于共同的文人情怀。

晓林是杞县圉镇人。杞县是开封下面的一个县，“杞人忧天”说的就是这里的事。圉镇是晓林的老家，也是蔡邕、蔡文姬父女的老家。晓林很以他的这两位老乡为骄傲，特意把自己张罗的文学奖命名为“蔡文姬文学奖”，一为表达敬意，二为激励来者。蔡邕、蔡文姬是著名的文学家，也是著名的书法家。传说“飞白书”就是蔡邕的发明，唐代张怀瓘就非常赞赏“飞白书”，其《书断》称“飞白妙有绝伦，动合神功”。晓林志于文学，又潜心书法，成为中国作协、中国书协的双料会员，大约是从两位古代乡贤那里得到了启示，甚或晓林文学、书法双双精进是蔡氏父女暗中护佑加持之故，也未可知。

晓林的文学创作是从小小说开始的，大约缘于对中国传统文化的热爱和熟悉，他选择笔记体小说为主要创作形式，多年来在全国各专业文学期刊发表笔记体小说400余篇，100余篇先后被《小说选刊》《小说月报》《小小说选刊》等转载。晓林的写作虽然中短篇兼及，总体还是以小小说为主，但写小小说不意味着不能干“大事”。几年前，晓林决定在创作方面干点“大事”时，首先想到的就是“宋朝故事”。这也难怪，虽然过去了近千年，开封人心中始终退不去的就是大宋情结。

《宋朝故事》是晓林计划写作的10卷本系列笔记体小说的总名字，他立志要把它写成一部有文化、有内涵、有故事、有趣味的好书。不过，如果想看正统的军国大事，应该读《宋史》；想看包公断案、杨家将之类的故事，应该去看戏看电视剧；如果想看上至帝王将相，中到名人雅士，下及五行八作小人物的大事小情、趣闻逸事、掌故传说、民风民俗等，看晓林的《宋朝故事》就是最好的选择。晓林用笔记体小说的方式来写宋朝故事，说是故事，其实这些人物、事件在历史典籍里都有确切记载，和六朝志怪、《聊斋志异》之类的笔记小说大大不同，其事都有籍可考，绝不虚构戏说；因为是故事，自然还要生动有趣。我以为，这部书写成之后，我们就又有一部宋代百科全书式的作品可读了，读来会让人受益而且还好玩有趣。

《书法菩提》是《宋朝故事》中晓林最先完成的一卷。之所以先从书法家入手，当然和晓林本身也是书家有关。晓林号称自己的书法是师法“二王”的。其实，书法家公开场合都这么讲，但私下他们都认为“学王者死”，所以都拿学“二王”骗别人，而自己则另辟蹊径。我觉得晓林说自己学“二王”也是这个道理，他学的其实是米芾。米芾是一个很有个性、很有故事的人，他周围的那帮书法家朋友或对手，也都各有性情、各有故事，晓林对此当然再熟悉不过，他写宋朝故事从这里入手，就是再自然不过的事了。

晓林尽管写了多年的小说，作品被转载过、选载过，也得过奖，但在好手如林的河南小说界，还算不上出类拔萃的一线高手。但是有了《书法菩提》情况就大不一样了，晓林找到了属于自己的表达方式，找到了属于他自己的独特符号，他由此在芸芸众人中立了起来，成为一个不可忽视的存在。对于一个作家来说，做到这一点是非常重要、也是非常不容易的。

《书法菩提》这部书，好就好在打破了文体的藩篱，为作者的尽情表达开辟了广阔的空间。

《书法菩提》可以作为小小说来读，每个人物的每则故事都独立成章，别有意趣；这些故事连在一起，相对完整地表现了一个或数个人物，自然成为很好的中短篇小说；整部书则是对宋代书法家群体的全面描写，作为一部长篇小说来读也未尝不可。之所以称之为小说，当然是因为这部作品具备了小说的各种元素，最重要的是它有故事，而且讲述得非常生动；其次它有人物，像米芾、黄庭坚、苏轼、蔡襄等人物都写得非常鲜活，而且人物的性格不是扁平的，而是立体的、成长的；再次就是它在还原宋代历史场景的同时揭示了至今不变而又复杂微妙的人性。因此，从小说的意义上来讲，《书法菩提》尽管借鉴了中国传统笔记小说的表现形式，而现代小说的特征和属性其实也完全蕴含在其中。

《书法菩提》也可以作为散文或随笔来读。这些年，文化大散文盛极一时，但多数文章无非是用小说化的叙事手段讲一些历史典故和常识，有深度、有个人见解者少。《书法菩提》写的是宋代的书法家，晓林因本身就是书法家，也是书法理论家，曾获全国第八届书学讨论会论文二等奖等奖项，因而对宋代的这些书法大家不仅有理论上的认识和概括，同时还有切身的体验和感悟。如此一来，他的文章自然就有了文化的厚度和韵味。散文化的书写使其多了些表达的自由和畅快，作品因而具有了历史文化散文的优秀品质。

《书法菩提》继承了中国笔记小说的精神气质，让笔记小说在现代背景下重新表现出巨大的活力。《世说新语》以来，中国代代都有优秀的笔记流传下来，其中很多都具有叙事性或散文性特征，而可以作为小说来读的，志异志怪的多，典型的就是《聊斋志异》。中国新小说发端以来，在汪曾祺等人的推动下，笔记体小说一度相当受关注。比较而言，《书法菩提》的最大特点在于，既吸收了现代小说的表现特征，同时又接续了古典笔记的文人精神、文人情怀。某种意义上讲，《书法菩提》是对《世说新语》精神直接的最好的继承。笔记体从诞生之日起，就是一种非常文人化的文学样式，寓文化性于趣味性之中，是《世说新语》开创的一个优秀传统，这些在《书法菩提》中都有很好的体现。片段化是笔记体的一个典型特征,《书法菩提》保留了这一传统。而碎片化阅读在移动终端普及的今天,已成为阅读的普遍形态。笔记体作品的片段化特征与读屏时代的阅读特点正相吻合。

《书法菩提》的这些特点,使它在当下品种繁杂、数量众多的文字中跳脱出来,有了不一样的风貌和品格,不一样的精神和气质。它的表现特征,它的内在意蕴,决定它有理由受到读者的喜爱——首先,我这个读者是喜爱的,我也因此对晓林的整部《宋朝故事》充满期待。

## 外一篇:文人精神的传奇表达

《书法菩提》是张晓林找到自己创作方向和路子的一个标志。在第二届杜甫文学奖评选中,这部作品集没有争议地荣获小小说大奖。

河南是小小说创作重镇,高手云集,就单篇而言,很多作品都可圈可点。但在河南小小说界,能在全省乃至全国都引起广泛关注的首先是孙方友,因为他找到了自己创作的根据地,找到了自己的方向和路子,一篇篇写小镇人物、写陈州旧事,从而能够集中众多短小的篇章共同表达一个主题,蔚然而成大观。晓林走的是同样的路子,他先是希望从熟悉而擅长的书法开始,先写书法人物,然后及于宋朝的方方面面,完成十卷本的《宋朝故事》。但一写书法人物,写顺了手,写出了影响,一发而不可收,开始一篇篇写《夷门民国书法人物》,并在《书法报》等报刊连载。孙方友的小小说写作,以笔记小说著称,张晓林同样走笔记小说的路子。所不同者,孙方友的小说更多是基于民间视角来讲述一个个富有传奇色彩的人物，张晓林则更多是基于文人的视角来观察和表现人物，文人的狷狂、雅趣成为表现的重点，《书法菩提》如此，《夷门民国书法人物》同样如此。

晓林最近准备将他写的《夷门民国书法人物》结集出版。出版之前，晓林让我再为这本新书写个序。这让我多少有些心里犯怵，毕竟晓林写的这些民国时期开封书法人物的文章，虽然所描写的时代更靠近我们今天的生活，但作品的表达方式与之前大致相同。对于晓林创作的特点，该说的话大都已经说过，再说一遍，肯定没多大意思。但仔细读了晓林的这组作品，还是有一些新的感觉。

从 2014 年习近平总书记亲自主持召开文艺座谈会并发表重要讲话，到在中国文联十大、作协九大开幕式上的讲话，他不断在强调一个观念，就是文艺如何为国家立心、为民族铸魂的问题，并为此反复强调要讲好中国故事，继承中华优秀传统文化，弘扬中华美学精神。具体到小说创作来说，如何继承中国小说传统，表达具有中国特色的美学精神，就需要我们做出新的探索和实践。

我以为，晓林从《书法菩提》到《夷门民国书法人物》所进行的尝试和努力，就是对中华美学精神的最好实践。我在上次为《书法菩提》所写的序中已经谈到，晓林的这些作品，“继承了中国笔记小说的精神气质，让笔记小说在现代背景下重新表现出巨大的活力”。中国大量古典笔记小说中，《世说新语》开创了一个优秀的传统，即对于文人传统、文人精神的表达和张扬。生生不息的中华文化，有一条清晰的脉络贯穿其中，重要的一点就是对于“道统”的自觉继承，并形成一个绵延不绝的“士”的传统，也就是对文人精神的坚守。中国知识分子的风骨，就是在其或儒雅中正或狷狂不羁的外表下，有着对“道”的维护和持守，有着不向流俗和名利低头的高贵气节。中国文人的这种传统精神和操守从某种意义上讲，就是中华民族的精神和魂魄所在。宋代张载对中国文人的精神和使命有着经典的概括："为天地立心，为生命立民，为往圣继绝学，为万世开太平。"张载所说，落实在今天我们具体的创作实践中，就是要以自己的文字，为国家立心，为民族铸魂。这个立心铸魂的工作，不是空洞地喊一些口号、搞一些概念化的东西就可以完成的，而是要落实在精彩的文艺作品中。

晓林所写的《夷门民国书法人物》，每篇篇幅都不长，但写的人物却极为传神。这也是中国小说的一个优秀传统，注重人物形象的塑造，注重表达人物内在的性格。如果联系到中国的绘画、书法、戏曲等艺术形式，我们会发现这个写意的传统在中国所有的艺术样式中都有所表现，文学也不例外。写意，就是要传神，要以精简的笔墨集中在人物、事物最能体现内在精神的特质上，把其内在的精神传达出来。说到底，这就是中华美学精神的一种表现形式。晓林的写作应该说很好地继承了这一传统，并吸收世界现代艺术的新观念，有了新的发展，殊为难得。当然更重要的是，晓林在继承这种表现形式的同时，很好地传达了中国传统文人的精神气韵，张扬了文人精神。应该说，很多所谓的笔记小说，基于民间传说、市井故事而来，其表现视角也是民间的，其中自然带着丛林的气息，虽然看起来非常生动精彩，却不自觉地对一些强势的、恶的东西有所张扬，对一些庸俗、低俗、恶俗的东西津津乐道。而文人精神的介入，使其会以人道的、文化的视角来看待和处理一些事件，从而表达一种明确的精神，即对社会发展有所助益的价值和导向。其实我们看一些民间故事、童话等，在从民间传说向文人加工的转化过程中，都有一个主题的演变过程。正如我国的《白蛇传》《聊斋》一样，西方的安徒生、格林童话等也同样如此。这样一个过程，这样一种文人自觉追求文化的进入，是文学能担负起为国家立心、为民族铸魂使命的关键所在。

晓林的写作，很好地继承了中国小说优秀的传统，特别是对中国文人精神的自觉张扬，其实就是其自觉承担文化责任、为民族铸魂的具体实践，而且他的实践已经取得非常好的成效，我们有充分的理由为晓林点赞。

# 柳岸:挤压的焦虑

柳岸的中篇小说集《燃烧的木头人》共收录了她的八篇作品。这些作品尽管涉及的题材比较广泛,但总体上说描写的都是当下小人物的生存状态和情感状态。我觉得,只要把握住"挤压"和"焦虑"这两个关键词,就把握住了这些作品的共同主题。总体上说,柳岸的作品表现的都是社会环境、权力和欲望对人的挤压,以及人在这种挤压状态下的焦虑和挣扎。焦虑,在当前的社会现实中其实是一种时代病症。面对时代的急剧变化,几乎所有人都失去了内心的平静,处于或深或浅的焦虑状态中,并在不断的挣扎中进一步放大了这种焦虑。柳岸能把握住这一点,我觉得是具有较普遍的时代意义的。

柳岸的小说中,一部分是描写当下人们的生存状态与情感现实的,如《燃烧的木头人》《幻灭》《失踪的女人》《一路有你》等,描写的都是主人公在欲望驱使下人性的挣扎及由此引起的精神的迷惘和对现实的无奈。其中,《燃烧的木头人》中的箩头更多是由于物质生活环境的挤压引起了生存的艰难和性的苦闷及由此带来的精神和行为方式的异常;《幻灭》《失踪的女人》表达了对爱情的思考和质疑;《一路有你》则是对美好情感的向往和歌颂。就这些作品的基本内容来看,作者对当下现实生活中人的精神现实的探索和挖掘是比较深入也是比较准确的,触及了人物内心最为隐秘的部分，揭示了人性内在的困境。

柳岸的另一部分作品是描写基层公务员生存状态的，包括《黄了绿了》《把我丢了》等，《春寒》是描写村级干部的，也算此类。这部分作品对基层公务员的心理世界开掘得比较深入，把他们在仕途上小心翼翼又不择手段向上爬的过程写得细致入微。《黄了绿了》可以说是一个官场版的《活着》，写得相当到位。《把我丢了》以略带荒诞夸张的处理手法对底层官员的心态和行为进行了相当准确的描写。总体上说，柳岸此类作品把权力对人的挤压所导致的人性的扭曲，描写得生动、深入、准确。

此外需要谈及的是叙事方面的问题。应该说，八篇作品数量并不算大，但这些作品在叙事方面却呈现出了相当大的差异。如果说这种差异是作者出于探索的目的而有意进行的文体试验，当然值得称许。但事实上我觉得这些差异也许更多的是由于创作素材来源的不同所造成的，表现了作者叙事自觉性的缺乏。比如《铁石话本》在整个集子中就显得特别另类，它基本上延续了民间故事的叙事方式，读来甚至让人怀疑这是一个民间传说的忠实记录。《黄了绿了》在叙事方面则显得过于杂乱，作者本来可以用一种简单的方法来讲述这个非常完整的故事，更好地表现人物的命运。但因为加了一个如同蛇足的开头和结尾，采用分场景描写的方式，使作品显得支离破碎。而《失踪的女人》《一路有我》等几篇作品走的却是通俗小说的路子。我曾多次谈到，作品是否靠情节推进，是否在细节上停留以传达人物内心隐秘的东西、独特的经验，是衡量作品文学价值或者说区分通俗与高雅文学的重要尺度。如果作者在叙事上有足够的自觉性，这些问题原本完全可以避免。就《燃烧的木头人》《把我丢了》等几篇作品看，作者是具有很好的叙事能力的，只要在这一方面加以注意，作品水平应该会有大幅度的提升。

另外，还应该注意的一点就是文化自觉的问题。柳岸的艺术感觉还是相当敏锐的，如果在处理素材的时候，能以更为高远的审美的眼光来对待它，使之有思想上的升华，作品就会更有思想意义。

# 八月天:“狐性”的阐释

八月天的本名叫尚伟民,好像听他本人说是因为出生在八月,所以就用了这个笔名。五年前,大约是 2009 年,我曾经为八月天的两篇小说《父亲的王国》和《低腰裤》写过一篇短评,文章也涉及了八月天从小小说写作到中短篇以至长篇小说写作的一些情况。在此后的一段时间里,我们不断看到八月天有新作问世,而且取得了很好的反响。再后来,八月天成为河南省文学院的签约作家,参加文学界的活动多了起来,我们的接触也自然多了一些。

八月天是我很欣赏的那种人。他为人特别低调、办事认真且不迂腐,换句话说就是特别靠谱。这些年,张扬的人多,不靠谱的更多,像八月天这样的人,殊为难得。应该说,以八月天的处世态度和行事方式,干什么都会有所成就。可他偏偏对文学非常热爱,有着一份难得的执着,更重要的是,他的执着不是一根筋的执拗,而是默默地探索、思考,不断从生活中发现,不断把自己的发现转化为文学,并不断寻找更好的表达方式。

《中原狐》是八月天的第二部长篇小说,也是他最为用心的一部作品。从作品内容可以看出,尽管具体的事件可能有虚构成分,但作品总体上说是有作者的影子在里边的,我觉得作品几乎调动了作者全部的人生经验。在这样的写作中,故事可能会借用发生在别人身上的事件,但就主人公人生经历的走向、对人生的体验与把握来说，则必然来自作者的生活经历及对此所进行的深入思考。如此一来，作品就有了非常可贵的品格，那就是接地气，有温度。

《中原狐》描写的是贫寒农家子弟宋书恩努力跳出农门的故事，书写的是底层人物的隐忍与挣扎、抗争与奋斗以及爱与背叛、人性的扭曲与觉醒、生命的沉沦与觉悟。就题材本身讲，《中原狐》说不上多么新鲜，它原本也不是一部猎奇猎艳的作品。应该说作品的题材和走向与《平凡的世界》接近，都是以生活在农村的底层人物为主人公，描写他们进入城市的艰难历程。当然，作品的时代背景不同，《中原狐》更贴近当下的生活。另外一点重要的不同之外在于，《中原狐》把更多的笔墨放在了对中原人性格的揭示上，放在了灵魂的拯救上。

中原是中华民族最重要的发祥地，黄河的不断泛滥在给这里带来无尽灾难的同时，也带来了肥沃的土地，促进了农耕文明的发展，使这里成为中华文化最核心的区域。正因如此，得中原方能得天下，一代代枭雄逐鹿中原，使这里的人民在经历水旱灾害的同时，也不断遭受战火的蹂躏。这种自然和历史大剧的反复上演，使中原人形成了隐忍、顽强的性格，他们在各种环境下都能快速适应，从而得以生生不息。这个适应的过程，使他们出于生存的需要凝聚出了各种人生的智慧和为人的豪侠，但同时又形成了狡黠、投机的性格特点。八月天把这种性格概括为"狐性"，这也是他把作品命名为"中原狐"的原因。

宋书恩出生于一个贫寒的农家，从他爷爷"大龟孙"的绰号就可以看出，这个家庭在村里地位的低下。出生在这样的家庭，想生存下去就要看别人的脸色，夹起尾巴做人。宋书恩爷爷用"用得着人家咱就是孙子"的口头禅总结了他的生存策略，并深刻影响了宋书恩。于是我们看到，在宋书恩的成长与走上社会的生活中，这个策略始终在他身上发挥着作用，像一种顽疾吞蚀着他的灵魂，已经深入骨髓,想戒都戒不掉。宋书恩成长的年代,或者说20世纪后半叶的中国,农村人口生存的最大愿望就是能跳出农门,通过"农转非"成为城里人,农民常称之为"国家人"。宋书恩最初从求生存到求转变的过程中,为此不惜辜负恩人、背叛爱情。及至进入学校、企业、媒体、官场,为了"转干"完成身份变化以求职位升迁,他低调做人,处处示弱,忍辱负重。他的生存策略与当时社会巨大的"场"获得了良好的契合,使他逐步失去信仰,甘于堕落。于是,附炎趋势、逢迎拍马、阿谀奉承,成为他基本的处世方式,吃喝嫖赌、送礼行贿、"叨菜"捞钱、搞婚外恋等成为他的"家常便饭"。《中原狐》把大量篇幅用在对宋书恩这种性格的揭示上,就是要对国人这种普遍的劣根性进行批判。应该说,这是自鲁迅以来中国新文学一个优秀的传统,八月天对此有着良好的继承。

从叙事的角度看,《中原狐》采用了第三人称有限视角的叙事方式,主要通过宋书恩的视角展开,使叙事总体上显得相对集中,较少旁生枝节。从中明显可以看出八月天在叙事上的自觉。对现代小说来讲,能否有效调度叙事,自如完成叙事视角的转换,是一个小说写作者是否入门的重要标志。目前中国的长篇小说写作,每年纸质出版的已达近五千部。其中有很多作者在作品出版后总是抱怨得不到重视,总是觉得自己的作品揭示了深刻的社会问题,规模宏大,堪称史诗。但他们不明白的是,这种以全能视角展开、按事件发生顺序线性推进的叙事,从艺术上讲乏善可陈;这些作品往往也无法提供新鲜而有效的人生经验和时代经验,从作品内容上讲常常毫无新意,读来味同嚼蜡。这样的作品基本上应归入不入流作品之列。八月天的《中原狐》在对作品内容有诸多思考的同时,对叙事也有着很好的把握,这是非常可贵的。

长篇小说写作的另一个关键点是结构。缺乏结构意识对长篇小说写作来说是致命的缺陷。遗憾的是,我们现在看到的很多长篇小说,常常是按时间顺序展开,像平地上泼水,流到哪儿算哪儿。《中原狐》在以宋书恩为主线的同时,加入了白狐、傻改柱、爷爷、父亲等几条若隐若现的辅线,显示出了作者解构作品的匠心。几条辅线的加入,不仅调节了作品的叙事节奏,增加了作品的厚度,更重要的是,它构成了作品的背景,为作品的展开提供了现实和文化基础。

宋书恩爷爷"大龟孙"这个名字,缘于中原地区起"闯名"的风俗。这样一个卑贱的名字,成为他"总是点头哈腰,一脸媚笑"的卑贱性格的标志。但是,他的"用得着人家咱是孙子"的"孙子",显然表明他不是真想当"孙子",而在"装孙子"。这种"装孙子"背后的卑微和自贱,恰恰反映的是其内心的不甘,他是在利用别人,寻找机会伺机而动。中原是老子的出生地,他的一部《道德经》,阐述的就是以弱化强、以弱胜强的哲学。几千年后,他的中原老乡仍然深谙其哲学精髓,以"装孙子"的方式来求得生存和改变。作为对比,作品中宋书恩的父亲宋恒四,正是因为年轻时不会"示弱",而碰得头破血流,尽管有参军、做教师等改变命运的机会,他却因自己可怜的"血性"而失败,一步一步陷入困境。同样不懂"示弱"的是宋恒四的二儿子宋书仲。宋恒四将在外面的失败转化为对内的强势,他用拳头让宋书仲由一个"充满了刺激与新奇"创意的"玩家""冒险家",变成了一个口吃、少言寡语的人。而宋书恩因为掌握了爷爷的"装孙子"哲学,最终历尽磨难而"成功"。傻改柱是一个傻子,给人的印象也是傻气、好笑、好玩。作者在作品中加入傻改柱这条线,当然不只是像马戏团小丑那样场间插科打诨活跃下气氛那么简单。在《中原狐》中,傻改柱基本的特点是敢说真心话,不虚饰,率性、本真。更重要的是,傻改柱虽傻,对爱情却非常执着,这与宋书恩的负情恰成鲜明对比,更有助于揭示宋书恩的性格缺陷。

为了阐释"狐性",作品还引入了白狐这条线索,显得神秘而隐晦。这是提示宋书恩"少年巨滑"性格的点题之笔。

应该说,宋书恩人格的形成是整个社会环境造成的。从童年到成年,他从内心深处是企图摆脱一些骨子里固有的东西的,但最终却不得不妥协。《中原狐》的可贵之处在于它不仅着力表现这样的人格,更挖掘其形成的社会和文化基础,并为问题的解决寻找到一条可行的道路。作品最后,宋书恩在"非典"疫情中惊醒,在不断的质疑与拷问中,宋书恩最终找到了自己的答案:"自己之所以随波逐流,就是因为缺失信仰!"

信仰的缺失是当前许许多多社会问题产生的根源,它本身也成为当前最重大的一个社会问题和文化问题。问题的产生当然有其复杂的历史因素和现实因素,但这个问题如不能很好地解决,必然会对民族的未来产生重大的影响。正因如此,才有了高层对核心价值观的重视,对文艺的重视。尽管我们不能说《中原狐》为这一问题的解决提供了良好的途径,但作品通过宋书恩的自省,表达了对找回信仰、回归人性的思考。有认识,有思考,就是解决问题的一个良好开始。这也是作品令人欣喜的一个重要方面。

# 乔叶:我就是我的身体

法国哲学家梅洛·庞蒂有一句非常经典的名言,这句名言其实就是一句非常平常的大实话,但回答的是一直困扰着人们的终极问题,即“我是谁”的问题。这句话就是我的这篇文章的标题——“我就是我的身体”。在梅洛·庞蒂看来,世界上的一切问题都是与身体问题无限关联的,他说:“世界的问题,也可以从身体的问题开始,就在于一切均现成地存在着。”

对身体的深度发现是梅洛·庞蒂成为现象学大家的重要原因之一。而福柯等现代哲学家同样对身体表现出了特别的兴趣和关注,所以特里·伊格尔顿会声称:“对肉体重要性的重新发现已经成为新近的激进思想所取得的最可宝贵的成就之一。”那么对乔叶来说,我觉得对身体重要性的重新发现也正是她在小说创作上所取得的最宝贵的成就。

尽管之前曾零星发表过几篇小说,但乔叶真正把主要精力从散文转到小说上应该是从《守口如瓶》(《我是真的热爱你》)开始的。这部小说的主人公是一对堕入风尘的孪生姐妹。乔叶选择这样一个题材,显然无法不对身体有深入的关注,因为对以身体为资本和工具的有偿性服务提供者来说,没有什么比身体更重要的了,身体的重要性和实在性在她们和她们的服务对象那里得到了最好的体现。当然对此时的乔叶来说,传统灵与肉的观念还深深印在她的脑海里，所以她仍然为自己的作品设计了一个关于拯救的传统主题。但不管是有意还是无意，乔叶对身体的重视从这里已经开始。

乔叶第一篇引起大家关注的中篇小说就是她作为这本集子名字的《我承认我最怕天黑》。这个中篇写的是一个关于“偷”或强奸的故事，而“偷”不仅是指男主角的入室行窃，更是指女主角刘帕从被强奸到对“偷”人的演变。一个女性从对强奸的恐惧中摆脱出来而隐隐产生被强奸的渴望，这种转变正来自于对身体或性的重新认识。刘帕对身体的重新认识是从她的“手指上的舞蹈”开始的。这时，尽管她白天对一个个男性保持着女性的矜持，但一到晚上，这些男人一个个被她请上“手指上的舞池”，开始尽情地狂欢。如此说来，刘帕怕的其实并不是天黑，她所怕的其实是在天黑时重新认识自己的身体和性，或者更准确地说，她怕的应该是对天黑的渴望。我想，也许正是从这篇小说开始，乔叶对身体有了明确的认识，明白了自己作为一个女性作家的优势在哪里，开始自觉以女性的视角，从身体的问题出发，深入揭示女性对待性、婚姻、家庭、社会的心理，她不回避表达的难度，力图揭示在平静的生活外表下人类精神世界的复杂性。

紧接着，乔叶的一系列作品，如《取暖》《打火机》《锈锄头》《山楂树》《轮椅》等迅速产生了广泛影响，乔叶一下子成了当红小说家。而这些作品几乎无一例外地都与身体的问题相关。《取暖》的男主角是一个强奸犯，他的犯罪其实只是因为性意识的觉醒和对身体的发现而出现的一次意外的冲动；而女主角呢，则是另一起强奸案的受害者，因为丈夫无法容忍妻子被强奸而打残施暴者入狱，她从此过上独守空房的日子。当这样的两个人相遇时，女主角给男主角带来的却是充分的温暖。两个人的相互取暖本就是两个身体热量的互相给予，而当这个故事发生在一个强奸犯和一个强奸案受害者身上时，一切都变得更加饶有趣味，促使我们对这种围绕身体发生的犯罪或者说就是对身体进行更多的思考。《打火机》的故事同样与强奸相关，它讲述的是一个女性成长和回归的故事。一个率真、任性、敢作敢为因而在外人看来是问题少女的余真，在她 16 岁的一个夜里被人强奸了。“被强奸”在社会中通常是一个人屈辱灾难史的开始，在大多数平庸作家的笔下，这通常是一个人悲惨命运或堕落生活的开始。但在乔叶笔下，事情完全不是这个样子。在这里，被强奸的事实使余真认识了自己的身体，确定了自己的女性身份，于是她“学好”了，成长为一个被社会认可甚至赞赏的女性。如果不是被强奸，这个问题少女可能始终不能“成长”，始终是个“问题”。但“问题”其实始终藏在余真的心里，像一只冬眠的野兽，终有一天会苏醒。于是，一个老而弥坚的男人使余真身上的那种野性开始复活，在另一次“不正当”的性行为中，她本真的自我回来了，或者说她重新认识了自己的身体。《锈锄头》写的是发生在一个中年男人“外宅”的故事。通常，“外宅”的生活不像“家”那样承载着更多道义、责任、伦理等内容，而是更多与爱或性相关，因而也更具“身体性”。而放在“外宅”的生锈了的锄头，原本是与其使用者生活密切相关的东西，是使用者劳动时身体的延伸。当它被放在“外宅”，就仅成为主人人生经历复杂性和精神世界复杂性的标志。然而，这把成为标志的锈锄头，俘获了一个女人的芳心，使两个肉体缠绵在了一起；也正是它，麻痹了一个窃贼的戒心，并重新成为一个人身体的延伸而毁灭了另一个人的身体。通过锈锄头这个与身体密切相关的东西，我们看到了人在内心和现实行动上的巨大反差。《山楂树》的故事同样与身体相关。一个画家深爱着女友的身体，一遍遍地画它；然而，女友的裸体被家乡山村的人看到，导致女友与家人关系十分紧张；而后，因吃山楂导致的流产使他们之间出现裂痕并分手；最后，因画家无法忍受女友的身体与另一个男人身体的狂欢而亲手毁灭了他深爱的身体和与之一起狂欢的身体。《轮椅》写的是一个懂得享受肉体欢乐的女性坐上轮椅体验残疾人生活的故事。一个拥有正常身体并能享受自己身体的人，假扮成一个身体残缺的人，这种角色的换位，使我们更清楚地看到了身体的残缺所带来的与他人、与社会之间关系的变化以及个人心理的变化。乔叶其他的一些小说，如《解决》写的是一个官场男性因身体上带有特殊标记的隐私部位被妓女拍下受到敲诈最终通过另一个妓女把问题解决掉的故事，《不可抗力》写的是因一次意外导致身体残疾而引发的故事，如此等等，都是与身体直接相关的故事。

在传统的观念中，人的存在被认为是精神性的存在。如"我思故我在"式的肯定思维思想的论断，"行尸走肉"式的对肉体的蔑视，实质上都是强调精神存在的价值而排斥身体存在的意义。而多数宗教更是把精神与肉体完全对立，希望通过各种各样的修行以达到超越肉体局限的纯精神性存在的无限境界。然而身体性的存在始终是无法被忽略的，也是无法被超越的。在重视此世存在的价值、特别强调世俗幸福的今天，对身体存在价值的重视也就成为一件自然而然的事。

乔叶的小说，从身体的问题开始不断深入走下去，从这里抵达了人的内心深处，体察到了深藏在人物内心的隐秘的东西、复杂的东西，并在这种发现之后对人的行为、对人本身有了更多的尊重和理解，让我们看到人们内心世界的复杂性，看到人们驯顺的外表下本真自我的那种野性，正因为有这种野性，人生才充满了变数，才更有故事。发现人性中复杂的东西，探究心中微妙的东西，书写那些我们不曾或难以命名的经验,这是小说家的责任。让人欣喜的是,乔叶在这一方面做得相当好。

乔叶对身体的关注仍在继续,2018 年初出版的《虽然,但是》仍然是关于身体与性的故事。在这本书的扉页上,乔叶写道:“身体不是圣殿,它只是我们的乐园。”性当然与身体无限相关联,关注身体不能不关注性,我们可以通过性及其他方式来享受我们的身体,使它成为我们的乐园。但是,身体不只是乐园那么简单。约翰·奥尼尔在《身体形态——现代社会的五种身体》中说:“我们的身体就是社会的肉身。”这也许正是梅洛·庞蒂认为世界的问题可以从身体的问题开始的原因。乔叶在她的小说集《我承认我最怕天黑》的序言《我和小说》中说,小说“博大、丰富、辽阔和深邃”,身体的问题其实也一样。所以,希望乔叶能从身体的问题开始,使自己的小说更加“博大、丰富、辽阔和深邃”。

# 吴万夫:小传奇

关于小小说,我曾写过几篇文章,但都是就小小说创作的整体情况和一些理论问题而言的。在此之前,我不曾为任何一位小小说作家的小小说写过专门的评论。因为对这些精短的文字,尽管读起来饶有兴味,但只就一篇写篇评论吧,为一两千字的作品写等于或超过其篇幅的评论会显得过于夸张,为一部集子或一个作家的总体创作写评吧,会面对篇目众多题材各异的大量作品准备谈论时而不知从何说起。所以多年来,尽管有不少作者和刊物约稿,我都一一婉拒了。当然,以此作为不为小小说写评的理由,无论如何是有些牵强的。凡事总有个开始,那就让万夫做这个第一人吧。

近年来,吴万夫在中短篇小说创作方面取得了不小的成绩,引起了相当的关注。2017 年,他的中短篇小说集《金土》出版的时候,我曾专门写下了这样一段推介性的文字:"特殊的生活经历,使他能够始终以充满人文关怀的目光关注底层小人物的生存状态,无论是描摹乡村还是刻画城市,他都能透过对社会世态万象的描画而对人性有探幽入微的深入挖掘;长期小小说创作的磨炼,使他的作品形成了结构精巧、语言洗练、于质朴中见幽默、于调侃中见温情的风格特征。"但是坦率地说,对吴万夫这样一位从小小说起步的作家来说,我对他的了解其实仅来自于自己读过有限的几篇中短篇小说,他的小小说此前我一篇也不曾读过。近来,集中读了他的几十篇小小说,最突出的感觉依然是他对底层小人物生存状态、心理状态、人际关系的持续关注和深入挖掘。小小说作为一种叙事艺术样式,经历了从生活故事化、人物性格化到内心生活审美化这样的发展过程,但拥有最大读者群的作品依然集中在前两种类型上。对小小说这种受到篇幅严酷制约的叙事样式而言,注重故事性和人物性格的鲜明性就显得更加必要。生活的故事化,其实就是生活的传奇化。但传奇并非真的就是天外飞仙表演得不可思议的奇迹,只要细心观察,在我们的日常生活中其实广泛存在着这样的奇迹。能够发现这一点,就有了将生活故事化的能力,也就具备了成为一名小说家最基本也是最重要的条件。吴万夫这方面的能力显然非常突出,他的小小说,一言以蔽之,就是表现小人物在平凡的生活中所演绎的种种奇迹。

通过对日常生活中一些小人物传奇事件的书写,吴万夫的小说很好地表达了当下人们的生存状态,并对现实生活中人与人之间复杂而微妙的关系做了深入的探究。比如《井》,写生活在吃水不便地区的一家,自家打了一眼井,在干旱的季节为全村人共用,不仅给自己带来了用水的不便,还引来了种种矛盾和大家的不满,父亲在一次大雨中自己悄悄毁了井,重新和大家一样到远处挑水吃,于是他们的关系又恢复了平静。这个作品所揭示的可能正是极富中国特色的人际关系,正所谓凡事须从众,你做十顿饭救济众人却会因一人未吃上而开罪于人。而《画驴》,写的则是一个人整天被领导训,后来画了一头驴,提醒自己把领导的训斥当驴叫,不再与领导冲突,于是和领导关系搞好了并得到提拔;提拔后当上领导的他看一位新来的小伙子总不顺眼,就屡屡训他,后来发现这小伙子的桌子上竟也放着一张画的驴。这篇小文很好地揭示了领导与群众的关系,位置不同决定了态度的不同。《在电话那端》写的是一对经常电话聊天却从未谋面的男女，想要确立恋爱关系，男方向女方索要照片，女方就发来丑女的照片考验男方，男方看后不再接女方的电话，女方又把自己真实的相片寄给男方，男方看后便给女方打电话却再也无人接听。所谓以谎言验证谎言，得到的只能是谎言。在虎年春晚《一句话的事儿》演出之前若干年，吴万夫已经为其做好了注脚。之所以先出的给后来的做注，是因为没人会认为春晚是为吴万夫的这篇小说做注脚。这样的作品还有很多，如《阿香》写的是因对人不相信而对人对己造成的伤害；《恶意电话》写的是因对人不尊重而带来的恶果；《真心哭笑》写的是违背社会规范制造的尴尬；《谋杀》写的是人言可畏，人们用愚昧想象和他们的风语风言杀死了无辜的人；《越陷越深》写的是无法解释且越描越黑的误会；《疯狂者》写了一位大智若愚的人，其中疯狂者不疯，不疯者自狂……这类作品中，《我欠王鸽一枚蛋》是写得较好的一篇，把人与人之间或施恩图报、或滴水之恩以涌泉相报、或因受人之恩而始终生活在对方的阴影中这类关系的复杂性、微妙性写得很到位。

吴万夫的一部分作品则是通过对略带夸张的传奇事件的叙写，揭露了当下丑恶的社会现实。如《新闻人物》《镇长的意见箱》《会议裤》写的都是当下官场上的荒唐事件，《女人·鹦鹉》写的是鹦鹉出卖了丈夫，把丈夫偷情的事露了出来。这类作品当然还有不少，我以为保持对社会现实的批判姿态对关注现实的作家而言是非常必要的。在写作中，吴万夫采取了一定的诙谐、夸张，但度的把握在此显得特别重要，所谓过犹不及，过度的夸张会给人带来不真实感，过度的诙谐则会消解作品的意义，这对作品的批判力量会带来一定的影响。

吴万夫还有一小部分作品，思考的是生命的终极问题。比如《有关死亡的三个命题》《拒绝玩笑》写的都是生命意外终结的事件。生命的脆弱、生命终结的突然在吴万夫其他不少作品中也都有表现,只是不如这几篇这么直接罢了。《生命的支撑》写的是信仰对生命的支撑,《在后方》思考的则是生命的意义。在人生的历程中,钱与物质是最重要的吗?信仰对生命有着怎样的意义?这的确是当下值得每一个人思考的重要问题。

吴万夫的一部分作品,在艺术上进行了自我探索。如《意想不到的结局》,写一位丈夫外遇的女性半夜出来小解,风把门吹上,自己被一丝不挂地锁在了外边。这篇小说表现的重点是人物在特殊情况下的心理状态,对小小说创作来说,这应该是改变固有的注重讲故事抖包袱模式、推动其走向细腻深入的有益尝试。而《怪胎》,一直把关子卖到最后,给人留下了很大的想象回味空间,处理得也很好。《捕鼠》则写一个憎恶老鼠天天想尽办法捉鼠的人自己却变成老鼠被捉的事,有点卡夫卡的味道了。《黑锅》则写了一个人半夜捉到贼却被贼反咬因而被众人看成贼的故事。作者在这里表达了绝对的真相无法明了,就像历史,永远只存在于叙述中的历史真实观。

而在吴万夫的所有作品中,我最为看重的是他描写爱所演绎的奇迹、写爱对人拯救的这类作品。其中,《坠落过程》写的是母爱驱使下潜能被激发所演绎的奇迹,《看夕阳》写的是爱的坚忍,《祝你平安》写了陌生人之间的关爱,《挑着的家》写的则是爱心与尊严,《意外》写的是意外事件中爱对人的拯救,《建立在一元钱上的爱情故事》写的同样是爱心对人的拯救……有时候,人们只需要付出一点点爱,可能就会改变另一个人的生命走向,自己的生命也会因此灿烂。吴万夫的不少作品都表达了这样的观念,这类作品还有一些是从反面来写的,如《做人》写的是一个人的恩将仇报对另一个人的改变,这是对爱心的最大伤害。关于在街上扶起被车撞到的老人反被诬告这类事件最近有很多报道,法院也有不少判例。

我对这些判决最大的不解在于,法官何以会把判决建立在当事人不可能是出于爱心做这种事的基础上呢?如果没有确凿的证据,我宁愿相信每个人都是有爱心的,都是会出于爱心对危难中的人伸出援手的。我希望法官也能相信这一点,因为这样的判决其实是对爱心的制裁。吴万夫的这类作品好就好在有温暖的东西在里面。文学不只是要把生活的残酷、生命的荒诞、世事的荒唐揭示给人看,更要让人们在看透生活与生命的真相后,在黑暗中看到亮光、在严寒中感到温暖、在绝境中看到希望。吴万夫的这部分作品应该说做到了这些,显示出了文学存在的价值。

最后,我还想说的是,我将这篇评论定名为"小传奇",直接的用意当然在于表达吴万夫的小小说所写的基本是小人物演绎的生活传奇这样一层意思,同时也是要表达这是小小说这种精短的叙事样式所演绎的传奇这样一层意思。但是,"小传奇"并不小,它是"小演绎的大传奇"。多年来,吴万夫以及众多的小小说作家,通过自己不懈的努力,使小小说成为一种为千千万万读者喜闻乐见、雅俗共赏的艺术样式,书写出了一段文学史上的传奇。所以,小传奇不小,我相信吴万夫们会写出更大的传奇。

## 亦农:勤奋的有心人

亦农的老家紧邻我的家乡,在文学界中人大都有所耳闻的南阳。尽管是老乡,但我们之前并不相识。

郑州是全国小小说创作的中心,时常举办全国性的小小说活动,全国小小说界的最高奖金麻雀奖也在这里定期举办。我和亦农的邂逅就是在 2010 年郑州小小说金麻雀奖的颁奖大会上。此时我才知道,亦农已经辞去收入不菲的稳定工作,专事写作三四年了。

在亦农辞去工作的 2006 年之前,他主要从事小小说创作,不少作品被《小小说选刊》和《微型小说选刊》选载,并被《微型小说选刊》评为"当代中国微型小说百家",2001 年还在《京华时报》开过专栏。其作品《棋杀》等,多次被河北、成都一些省市地区选作中考试卷的阅读理解题。这也是小小说作家的一项重要荣誉,说明亦农在全国小小说界已经有了相当的影响。

就在此时,亦农毅然辞去工作,准备专职创作了。要知道,此时的文学早已从中心退居边缘,传统文学不景气、图书市场每况愈下,想靠文学维持一家老小的生存,委实不是一件容易的事。由此可见亦农对文学的热爱和执着,更有令人敬佩的勇气。

辞去工作后的亦农把主要精力转移到了长篇小说创作上,先后出版了长篇小说《石佛镇》《美人蹄》《血纸人》《北京记者》《为诅咒的狗》等,他同时也进行散文创作,出版有散文集《七零后·私人史》等。这个时期的亦农,创作题材广泛,类型多样,从悬疑小说、职场小说到诗歌、散文随笔等,都有涉猎。也许是以文为生之后,亦农忙不择路,急于打开一片天空吧。

2012 年 8 月,北京国际图书博览会在北京举行。中国作家协会为落实中央领导指示精神、推动中国文学“走出去”的重要战略,决定设立中国作家馆,作为面向世界展示中国作家形象和中国文学整体成就的重要舞台。中国作家馆首次设立主宾省选择的是中原作家群,我则是这次活动河南方面的主要组织者。活动中,来自河南本土的作家和外地的豫籍作家,聚集一堂,亦农也和我联系来到了活动现场。这时我才得知,亦农已把主要精力投向了儿童文学创作,单 2012 年他就出版了“金牌三人组”系列探险励志小说《兵马俑密码》《一号追杀令》《仙家奇兵传》《网络大营救》《神探狗嘟嘟》以及《功夫女生》《龙迹》《怪兽星球》《桐桐的点点狗》《好爸爸教出好作文——作家爸爸的作文经》等十部作品。

一分耕耘,一分收获。亦家的勤奋得到了应有的回报,2009 年,其小说集《因为有爱》获冰心儿童图书奖;2010 年,他的小说《桐桐的点点狗》获《小说选刊》长篇小说奖,后被浙江文艺出版社列为“当代名家少儿文学精品典藏”出版。亦农还先后获得了曹禺微剧本奖、首届世界华文奖,其作品还入围了全国优秀儿童文学奖。

勤奋的亦农还是一个有心人。现在微博异常火爆,很多人一天到晚守着电脑、抱着手机刷微博,不过是打发无聊时间;有些人则是以此发泄生活中的失意,看什么都不顺眼,逮谁骂谁;当然还有一些也是有心人,把微博变成炒作的工具,有的炒自己,有的炒别人,结果有些就被炒煳了。亦农则自觉地把微博变成了文学创作的一种手段——不知是否和他当年写小小说有关?

河南作家中,李佩甫爱散步,他曾这样描述自己的散步习惯:“很多个晚上,我穿越大街小巷,像狼一样在各个街头徘徊,想写好作品,想找好素材,想找好方向,这种状态持续了很多年。”正是这样的散步,成就了李佩甫,他的《羊的门》《城的灯》《生命册》以及《等等灵魂》等作品,就是在不停的散步中构思出来的。亦农爱跑步,他自称是像村上春树一样的长跑爱好者,坚持多年,风雨无阻。也许多年的长跑不仅锻炼了亦农的体魄,更活跃了他的思维,使他常有意想不到的收获。《在鸟巢边跑步》记录的就是亦农在国家体育馆鸟巢长跑时的所思所想。

当然,话虽这么说,我相信《在鸟巢边跑步》所记录的绝不仅仅是亦农跑步时之所得,许多应当来自其日常生活中脑海里闪现的灵感火花。这些灵感,这些一闪而逝的思想,大多数人并不在意,过去了也就过去了。可亦农的用心在此表现了出来,当多数人用微博信手涂鸦消遣时,亦农一开始就有意识地通过微博汇集自己的思想碎片,数年所得,微博短文已达十几万字。他将这些积淀重新加工,掇菁撷华,整理成书,就有了我们现在看到的《在鸟巢边跑步》。

亦农是执着的写作者,也是坚定的思想者。没有思想作为支撑,任何华丽的语言、炫目的技巧都如镜花水月,空洞而无意义。年届不惑的亦农坚持不懈地写作,其实也是在不断地探索人生。一个在风风雨雨中走过四十年的男人,一个坚持思考的男人,对于人生、社会、命运、情感等都会有自己的深切感悟和独到见解。这些思想脱了青涩,未现暮气,表现在书中就是一行行不乏真知灼见的闪光思想和令人回味的哲理箴言。

亦农,这个出身南阳的农民,用笔名“亦农”,大约即“也是农民”之意吧。一千八百年前,同样有个人常以“躬耕于南阳”声称自己“也是农民”,他最终以自己的勤奋和智慧成就了一番伟业。亦农同样从南阳走出,不乏勤奋,更懂用心,我们有理由相信他最终会成就自己的伟业。

## 南飞雁：逐渐柔顺的单宁

既然谈"红酒"，就从"单宁"说起吧。

每个人欣赏文学作品都有自己的口味，适合了就是好的。但对于文学作品，是否有一种共同而内在的东西可以让我们把握其品位的高下呢？这种东西是什么，我们很难给出一个确切的说法，所以就打个比方来说。把文学比作红酒我觉得非常贴切，它们都需要慢慢品味才能体会出优劣，而每个人的判断又不尽相同，在不同中又有着共同的东西。单宁会给人涩涩的感觉，但这是红葡萄酒的灵魂。正因有了它，红酒酒体才能稳定、坚实、丰满，才有完美而生动的颜色，才会具有内在的复杂性。文学也有属于它的"单宁"，那就是作者的艺术感觉和文学才情，没有它作品就会显得轻薄、柔弱、寡味。没有单宁，就没有好的红酒。但过高的单宁、没经过时间软化的单宁只会给人带来生涩、青涩的感觉；只有经过漫长的陈储，逐渐柔顺的单宁所带来的那种恰到好处的"涩"，带给人的才是生动协调、丰富醇厚的感觉。

就小说写作来说，南飞雁应该算世家子弟了，但南飞雁并没有走传统作家由短篇再中篇而长篇的创作道路。也许是得了遗传更兼家学渊源，文学才情的喷薄而出和创作激情的难以遏制使他觉得写中短篇很不过瘾，所以一上来就干起了长篇，而且确实还写得像模像样。但是，一上来就写长篇并且不在正统文学刊物上发表单靠出书就能得到主流文学界承认的,除了以写长篇历史小说起家的二月河、孙皓晖等人之外,恐怕很难能找到更多的作家。毕竟,对于绝大多数初涉写作的人来说,写长篇似乎相当自由,完全不必考虑对叙事的节制、节奏的控制、情绪的发酵和语言的锤炼等,可以想怎么来就怎么来。这类作品大多是直接出书从而绕过了刊物的编辑审查,使作品内在的缺陷无法被作者认识到,作者的进一步创作也很难有较大提高。南飞雁的情况尽管与此不尽相同,但这样的问题在他身上并非完全不存在。他在上大学期间开始创作,接连出版了《冰蓝世界》《大路朝天》《大学无烦恼》《幸福的过山车》等长篇小说,表现出了自己过人的文学才情。这些作品基本以反映高中生、大学生的生活为主,描写的差不多是作者自己及周围人的生活经历。从这些作品的语言和叙事中,读者可以明显感觉到作者充沛的文学才情对自己的冲撞,正如饮单宁过高的红酒,虽然感觉不寡味、不轻浮、有品头,但总会有种过于青涩的感觉,缺乏柔顺和厚重。此后,他创作的《大瓷商》有了厚重的感觉,但仍然不够圆润。当然,以这样的标准来要求一个年轻的作家似乎有些苛刻,但苛刻中体现的是我对他的期待。

终于,在看了多部长篇之后,我读到了南飞雁发表于《十月》2009 年第一期并被《中篇小说选刊》转载的中篇小说《红酒》。这部创作于鲁院学习期间的作品一定凝聚着他对文学、对生活深入的思考和对自己创作历程的反思,因为在他为《中篇小说选刊》所写的创作谈《红酒的标签》中,已隐隐表达了他对自己以往创作的些许不满。《红酒》写的是一个官场中人的生活故事,因为作品虽然涉及但显然不似一般官场小说那样把表现重点放在权谋机变等官场斗争上,而是放在表现年近中年、事业顺利的离婚男子简方平在情感与事业纠结中的生存状态。这篇小说与南飞雁以往的作品相比，涉及的生活面更宽也更深入，语言和叙事也更见成熟自然。所有耐久存的红酒一定含有较高的单宁，因为单宁具有抗氧化物功能，可以减缓葡萄酒氧化的速度，从而可以在时间的酝酿下培养陈年佳酿，而经过时间软化的单宁也才会显得柔顺圆润、丰富醇厚。充分的文学才情和敏锐的艺术感觉正是文学的抗氧化剂，可以使作者的写作经得起时间的检验，并能在岁月的磨砺中逐渐成熟。南飞雁的《红酒》就表现出了这种成熟与柔顺，因而虽然只是一个中篇，我觉得比他前面写过的不少长篇都要有分量。

总体上说，我觉得《红酒》之所以说与作者以往的作品相比显得更加圆熟，主要体现在以下四个方面：

首先是对生活的认识、把握和表现更趋宽阔和深入。《红酒》以某厅办公室主任简方平的情感生活为主线展开，故事看似很简单，却通过他的工作、交际，特别是与一系列女性的交往，极大地拓宽了涉及的生活面，而线索又显得集中而清晰。重要的是，作者把笔墨重点放在主人公的日常生活、人际交往及内心活动上，于平淡细微处揭示了生活的复杂性和生活的本质，对人情世故的体察也更加精准入微，把一个处于事业上升期的离异中年男人努力、不甘、无奈甚至是挫败的人生况味写得很到位。如此一来，作品对生活的表现不仅有了广度，更有了深度。

其次是对人物形象的塑造更加丰富、鲜活、生动。《红酒》篇幅不长，涉及的人物相当多，钟厅长、班长什么的一干官场男性就不必说了，单是与简方平交往的女性，如功利直接的刘晶莉、不忘旧情的教授女儿、多变而不知好歹的简妻、另类的官小姐王雅竺、怪诞的女博士、单纯诚挚的沈依娜等，都是各具性格、各有特色；而沈母、钟夫人等虽着墨不多，鲜明性格也是呼之欲出。

再次是对叙事控制与把握更加自如。在南飞雁的所有作品中,我以为《红酒》的叙事是最为平静、最为从容不迫的。相对于以往作品中对叙事的放纵和不加节制,以及故意设置的悬念和开合,《红酒》对叙事的控制、节奏的把位都相当到位,而且少了雕琢的痕迹,从而显得圆熟而老到。

最后是语言的表达更趋自然。南飞雁以往的作品语言虽然也很有特点,但基本来自对钱钟书《围城》语言风格的模仿以及当下年轻人故作的机灵和诙谐,《红酒》的语言则在平淡质朴中表现出了自然的韵味和内在的机智。

以上这些方面所显示出的都是南飞雁的文学才华经过时间的发酵而呈现的成熟和厚实。南飞雁给他的第一个中篇起了个如此富有意味的名字,我不知道这是他对生活及文学深入思考后的有意所为,或者仅仅是一个巧合。但无论如何,有了《红酒》,我们有理由对南飞雁的写作给予更多的期待。

# 吕东亮:“80后”学者眼中的文学风景

吕东亮出生于1980年,按现在流行的以年代归类的划分法,他是不折不扣的“80后”学者。

2006年,吕东亮从北京大学中文系硕士研究生毕业,到信阳师范学院文学院工作。2010年,他又到武汉大学文学院师从於可训先生攻读中国现当代文学方向的博士学位,2013年毕业,获文学博士学位。

这些年来,因为工作关系,我多次到信阳和信阳师范学院参加活动,东亮也多次到郑州参加河南省作家协会、河南省文艺评论家协会和河南省文学院组织的活动,所以我们时有往来,应该算是老朋友了。可细算起来,究竟什么时间认识东亮的,却记不清了。

信阳师范学院文学院近年来在吴圣刚、沈文慧的主持下,组织全院老师集中精力进行中原作家群研究,并成立了“当代河南文学发展与中原文化建设协同创新中心”。作为重要的基础性工作,在程光炜先生的积极支持下,他们首先组织十多位专家编辑《中原作家群研究资料丛刊》,目前已出版了2辑共23卷,收录了25位中原作家的研究资料,成为中原作家群研究重要的基础性工程。这其中,吕东亮不仅作为专家编写了其中2卷,还做了大量组织和事务性工作。他本人也迅速从团队中脱颖而出,目前已成为信阳师范学院文学院分管科研和学科建设等工作的副院长。作为朋友,我由衷地为他在专业研究领域和组织工作方面的进步感到高兴。

生活中的东亮言语不多，待人诚恳，做事认真且思路清晰，因而总能给人以踏实之感。孔子称道的"讷于言而敏于行"的君子，大约就应该是东亮这样的人。

从读本科时开始，东亮一直接受专业的文学训练，硕士、博士研究生读的又是中国现当代文学方向。求学期间，东亮关注的重点主要是现当代经典作家，对作品的研究细致入微，对史料的考察深入翔实。这样的训练使东亮的学术根基异常扎实、稳固，学风又特别踏实、细致。近年来，东亮在信阳师范学院文学院的学科建设方面积极发挥骨干作用，把研究的重点放在了中原作家群的作家和作品方面，并取得了非常突出的成就。

日前，吕东亮把他近一个时期撰写的与中原文学研究相关的文章汇集在一起，拟以《文学中原新风景》为名出版。全书分为上、下两编，上编主要论述以邵丽、乔叶为代表的女作家群体在河南的崛起，并由此论及当代文学的"中原经验"；下编则分述了中原作家群的其他一些男性作家，如白桦、刘庆邦、周大新、墨白等，同时也单独对信阳作家群的作家进行了论述；附录部分则收录了几篇作家访谈和对几位非河南籍作家的研究文章。

中国新文学发端以来，中原作家赓续以往沉潜下去的劲健文脉，使中原文学重新走向辉煌。特别是新时期以来，中原作家群成为中国文坛一支活跃的劲旅，为中国和世界贡献出了一大批优秀的作家、作品。近年来，全国文学界、学术界对中原作家群越来越关注，研究河南作家、作品的论文、著作不断面世。信阳师范学院文学院正是在这样的大背景下，把学科建设的重要突破口选在了中原作家群研究上，迅速做出了一批重要成果。在从事基础性资料工作的同时，吕东亮积极参加河南文学界组织的各种文学活动，认真与作家进行深入的互动，置身文学现场，以学术准备为基础，进行广泛深入的文学评论活动，撰写了一批优秀的批评文章。正因如此，吕东亮的研究和批评得以很好地相互生发，其文章能够在保持学院派严谨、扎实的同时，又多了些参与到文学现场的鲜活感，对作家创作方面的突破和不足，能够有更为准确的认识，因而也更富现实意义。

《中原文学新风景》上编以邵丽和乔叶为代表，研究中原女性小说家。东亮这部分研究的好处在于，他不仅能从现在的社会发展、文学发展的背景下考察中原女性小说家崛起的历史和现实原因，更能通过深入的文本细读，发掘出独特的文学品质和内涵。东亮研究的扎实之处在于，他通过对邵丽、乔叶，甚至包括与之相关的不同作家文本的系统阅读，对作家创作道路的轨迹有了全面的认识，从而为更好地理解作品、理解作家，更好地把握中原作家群的特点做好了充分的准备。与邵丽和乔叶前后活跃在中国文坛的女性小说家还有傅爱毛，以及当时生活在河南的戴来等人，她们基本上是在20世纪90年代中后期步入文坛，在世纪之交开始产生影响。这些女性作家之所以能在当时的文坛上脱颖而出，一个重要原因在于她们一改之前中国文学以社会性经验为主要书写内容的局面，把目光更多地投向自身，把表达的重点从社会、政治、文化层面的内容转移到个体的生命体验上来。东亮对这个转变显然有着清楚的认识，他在谈到这些作家的创作时说这些女性作家创作的特点是，“大都立足于呈现自身作为女性的生命经验和人生体悟”。邵丽和乔叶前期的创作同样表现出这样的特点。这种写作在当时看来，确实给人带来了一种直面生命体验的真实感和新鲜感，因而受到很多读者的喜爱。但它同时也带来一个问题，就是作品主题的雷同和格局的狭窄。邵丽和乔叶显然也意识到了这个问题，所以她们后来不约而同地开始关注社会现实，作品开始更多地表达当下的社会经验和时代经验，邵丽的《人民政府爱人民》《挂职笔记》《第四十圈》、乔叶的《拆楼记》《认罪书》等，都是她们把目光转向社会现实后的转型之作。由此开始，她们的作品也才显得更为开阔、博大。吕东亮从当代文学的"中原经验"这个角度切入问题，既看到了邵丽、乔叶等起初的写作给"中原经验"带来的新变，也对其此后作品重新关注现实，为当下"中原经验"的文学表达所做的贡献予以认同，这就使问题的分析更为全面、透彻，也由个别的作家对中原作家群的总体特征有了准确的把握。也由此，吕东亮深厚的学术功底、开阔的视野和清晰的思路得以显现出来。

《中原文学新风景》下编重点讨论了几位具有代表性的中原作家，有些属于作家论的范畴，有些则属于作品论的范畴，论述信阳本地作家的文章则更近于评论文章。这组文章与前面论述邵丽、乔叶的文章形成对照，构成一种繁简关系，使我们可以由此对中原作家群总体的创作有个全面的认识。

《中原文学新风景》并非对中原作家群创作的系统论述，吕东亮只是选取了几位他重点关注的作家进行分析，由此使读者不仅能够更深入地认识著作论及的几位作家，更可以由此对中原作家群有全面的认识。从这个意义上讲，尽管这部著作对中原作家群的论述在系统上存在不足，但作为一种由点见面的尝试，吕东亮做的是成功的，应该向他表示祝贺。

在《中原文学新风景》即将付梓的时候，东亮嘱我为作品写段文字，权且谈些对中原作家群及东亮的一些浅见，以为序。

# 叶灵:造有我之境

因工作关系,凡河南作家,不论是名震天下的一线大腕,还是初露头角的文坛新秀,作品虽不能部部精读,但我大都有所涉猎。以前偏重小说多一些,这些年因为参与每年度的华文散文排行榜等散文奖的评选,也系统读了不少散文作品。同时,为诗歌学会、诗词创新研究会等顾问的头衔所绑架,诗歌界、诗词界的活动也屡屡参加。这让我有了一丝不知天高地厚的狂妄,自以为是普天之下读当代河南作家作品最多的人。但一次次的事实证明,总有些才华横溢的新人是自己不熟悉的,总有些质地极好的作品是自己没读到的。所谓“书有未曾经我读,事无不可对人言”,确是我真实的写照。

听说过叶灵这个名字,在李敬泽主编的 2011 年《中国散文年选》、乔叶主编的《抚摸汉朝》等选本中见到过她的作品,也在《山花》《黄河文学》《散文选刊》《散文百家》《莽原》《福建文学》《山东文学》《四川文学》等刊物及散文先本中零星读到过她的作品,但印象中似乎从未谋面,也不知道她就是那个叫郑毅的散文写作者,对其人其作更缺乏全面深入的了解。最近,她准备出版一部新散文集,便将一摞厚厚的书稿拿来,想让我为之作序,这才系统读了她的三十余篇作品。

散文写作在文学各体裁的创作中,门槛相对较低,大凡无法用小说、诗歌、报告文学等来归类的文字，都可称为散文。所以我们看到各行各业的人，见到花开叶落，遇到人情世故，读书有点心得，旅游多点见闻，每每形诸文字，便称之为散文。如此一来，创作散文者自如过江之鲫，不可胜数。这些散文作品水平固然参差不齐，但有这么多人愿意用文字来表达，肯定是一件好事。不过，散文写作入门容易，登堂极难。因为散文写作实不是靠写作技巧的学习就能达到较高境界的。散文之妙，一在语言，二在境界。语言靠才情，境界靠修养，勉强不来，欲速不能。现在的年轻人写散文，好"文艺腔"者众，且常以此显示才情，殊不知此类文章看多了极易让人生厌。

但叶灵在散文写作上正如其名字，是有灵性的。她从事散文写作的时间并不长，严格来说是从 2008 年开始的。最初，她也和大多数初事散文写作者一样，写身边的景物、事件、人物，表达自己的感悟、情绪和理想。这类散文看起来很容易写，而事实上是最吃工夫的。我们通常看到很多初学者写的这类散文，基本上都是写某种花某种草，或写某种景某件事，然后抒发点感想感悟，就算完事。这类写景状物抒怀的散文，要说也是中国散文的一个传统，中国新文学中的《白杨礼赞》《荔枝蜜》等，更是将此传统发挥到了极致。但这种散文要想写出新意、开辟出新境界来，则难之又难。于是我们看到的多数此类散文，除了"文艺腔"外，剩下的都是些尽人皆知的常识。叶灵的好处是，她从散文写作之初，就跳出了这种窠臼。她通常把自己置身事件中，写自己的所见所闻，写自己的真情实感，有情节、有细节，因而作品读起来就显得自然、亲切、生动。这些被作品叶灵收在了作品的下辑中，并被命名为《吟唱》。集中阅读这些作品，比如《向往与另一个向往》《远行》《客居在城市的泥土》《落在他乡的草籽》等，可以明显感觉到，叶灵通过对自己行走和经历的描述，表达了对于乡土、自然难以割舍的眷恋。应该说，对很多作者来说，不管是否有切身的感受，都会故为乡愁之感、家国之思，原也没什么稀奇。但叶灵的好处是，她善于通过对事件及其环境的描述，来揭示自己和相关人物的生存状态。换句话说，叶灵是一个善于叙事的散文写作者，她的散文总是在以自己的视角展开的叙事中，很好地表达了个人化的经验。通常，我们认为小说是经验的表达，其实散文，甚至诗歌，又何尝不是如此。因此，叶灵散文的一个突出优点或者说特点，就是她善于叙事，能够以置身其中的方式表达个人的经验与感受。

应该说，叶灵的散文写作从一开始就走上了一条相对很正的路子。这使她的散文很快就得到了很多编辑的欣赏，于是有不少作品不断在一些专业文学刊物上发表。但叶灵并没有沿着这条路一直走下去，很快，大约从 2009 年开始，她被历史文化吸引，似乎由此走进了一个新世界，精神也有了归宿之感。于是，她很自然地开始了历史散文的写作。

余秋雨以降，以历史为主要表现内容的大历史散文红极一时，历久不衰。这种历史散文的一个主要特点是把小说叙事的手段引入散文写作中，以再现历史事件、人物和场景，从而极大拓展了散文的表达手段。这样的散文写作，往更远处追，我以为可以上溯到黄仁宇的《万历十五年》，这部历史著作对散文写作的影响似乎远大于对历史研究的影响。这类散文写到后来，作者几乎消失，客观化叙事贯穿整个文本，因而与小说的界限变得模糊不清。叶灵的历史散文写作，继续了她善于将自己置身其中进行叙事的特点，总是在行走中触摸历史，在触摸中感受思考，从而使历史与现实得以很好地交融，或者说，历史与现实在此展开了充分的交流。我以为对散文写作而言，这是一种良好的表达方式。叶灵历史散文的另一个特点是她能够以女性特有的细腻来感知历史与文化,表达出来便有了一种别样的个人化的视角和风格。这些历史散文即散文集上辑《行走》所收的作品,其中的《秦淮水骨》《绝唱》等,都是处理得很好的作品。从“行走”二字也可以看出叶灵处理历史内容的方式。

有了女性的细腻,叶灵的散文自然而然就有了一份水灵,因而清新隽永;有了对历史文化的认知与思考,其散文又多了一份知性的力量和文化的厚重。二者的有机融合,成为叶灵散文的特点和优点。之所以有这一切,正是因为有“我”的介入,因为能置身其中,叙事就有了温度,感情就来得真切,体悟就来得深刻,文章自然就有了别样的境界。

# 吕桓宇:米仓山居的《黄河飞歌》

2014年,《河南日报》组织"名家眼中的河南美丽乡村"系列活动,吕桓宇给我做了一次专访,我们由此相识。后来,小吕时常会登门造访或电话问候,看到报纸上发有和我相关的文章会专门收集送来。他对文化、写作有着异乎寻常的热情,说是想写一些文化方面的纪实文学作品,希望能够参加一些培训、采风等文学活动,于是在我们组织的文学讲座、文学培训班等活动中,时时会看到他的身影。小吕个子不高,但给人的感觉是精力特别旺盛,他是一个待人诚恳、谦虚、热情、认真而勤勉的人,在今天这样一个浮躁的时代,这样的人并不多见。

小吕在媒体工作,紧张忙碌,很少有属于自己的大块时间。对于他从属创作的说法,我一直觉得这只是他个人的美好愿望,并没有太在意。但在这个火热的六月,小吕送来了《黄河飞歌》,两大本厚厚的书稿差不多有20万字,拿在手里沉甸甸的。可想而知,作者为此付出了很多艰辛和努力。

《黄河飞歌》是以郑州黄河游览区建设为切入点,描写黄河文化的一部纪实文学作品。恰好近几年,我为了写《命脉——南水北调与人类水文明》对黄河及黄河文化也有些考察和理解,并把这些写到了自己的书里。

郑州一直被认为是"火车拉来"的新兴城市。当它被认定为中国八大古都之一时，很多人对此大为不解，满是质疑。

我二十世纪八十年代末大学毕业来到郑州的时候，接待外地同学常去的地方就是黄河游览区。它位于郑州西北黄河南岸邙山头一带，京广铁路黄河桥就在它旁边。现在高大的炎黄二帝巨塑是黄河游览区的标志，那时巨塑尚未建成，标志是一尊端坐着哺乳的女子雕塑，叫作“黄河母亲”。建这个雕塑的想法固然源于对母亲河的热爱，更具体的原因大约在于，这里原本是一个提灌站，在此抽黄河水以解决郑州市民的用水问题。那时到黄河游览区，对那一排沿山坡排列的巨大黑色水管印象特别深。

郑州引黄河水以用的时候，把取水点选在了邙山头。南水北调中线穿黄工程在邙山头偏西一些的孤柏嘴，由邙山下进入黄河底，在北岸以太极拳和铁棍山药闻名的焦作温县出地面流入明渠。1952 年，毛泽东就是在邙山头提出了借南方之水以济北方的想法。再往前，这里其实和隋唐大运河等古代水利工程关系极为密切。想必很多郑州人也和我一样，觉得这不过是一个随意的选择。实际上，之所以如此并非历史的偶然，而更多有着必然的因素。

邙山以前叫敖山。敖山这个名字，据说来自商朝初期，或许更早。郑州之所以被列入中国八大古都，是因为考古学家和历史学家经过缜密论证，认为其就是商朝早期成汤所建的初都“亳”。“敖”的意思其实等同于现在的“遨”，许慎《说文解字》称：“敖，出游也。”现在一说“遨游”，大家想到的通常高大上的出游，如遨游太空之类的，但过去就是指一般的出游。3000 多年前商代的先民，准确地说是贵族们，从他们的都城——今郑州商城遗址，来到西北四五十里外的这座小山上打猎、游玩，于是称这里为“敖山”，将山南的高地叫作“敖地”。到商王仲丁时，他干脆将都城迁到了这里，即后世所称的“隞都”。到周代，敖山仍然是休闲、打猎的好去处，《诗经·小雅

·车攻》记载了周宣王的一次打猎行动:“建旐设旄,搏兽于敖。”

原先,考古学家倾向于认为郑州商城是“隞都”遗址。1989年,几位农民在郑州古荥镇南1公里的小双桥村挖土时,发现了一件U型青铜构件。考古专家认为这种青铜构件应为宫殿正门两侧枕木前端的装饰物。考古人员到小双桥村进行了三次发掘,发掘出了一个面积达140多万平方米的古遗址。结合考古发现和古文献记载,专家们认为这里才是商代的“隞都”,而郑州商城则是“亳都”。

从古至今,粮仓又被称为“敖仓”。“敖仓”之“敖”,就是“敖山”之“敖”。早在秦朝之时,这里建起了全国最大的粮仓,因在“敖山”,故名“敖仓”。为争夺敖仓,秦将章邯和陈胜起义军、刘邦和项羽、袁绍和曹操,都杀得不亦乐乎。

敖仓为什么会建在敖山上呢?因为敖山北边不远处就是黄河,魏惠王开凿鸿沟,引水口就在这里。秦灭魏时大梁被淹,使这里成为重要的物资转运站,敖仓就建在了这里。后来,隋唐大运河在鸿沟故道上修挖,引水口还在这里。也就是说,这里其实是天下水运系统的枢纽。为了便于转运物资,大型仓库自然是要建在这里的。

自古至今,调水时都会不约而同地想到邙山头,当然与此地独特的地理位置密切相关。

中国地势西高东低,分为三级阶梯。敖山,也就是邙山头,正处在第二、三级台阶的交界处,邙山头正是黄土高原向黄淮海平原最后的伸展。从地理上说,由邙山头—古荥镇—五龙口—桐柏路一线,形成一个台阶,台阶之上是黄土高原,之下则是辽阔的平原。

正是在这里,黄河完成了在峡谷中的奔腾,开始进入平原流淌,由此进入下游。而进入下游的黄河,由于平原上没有天然屏障的阻挡,变得桀骜不驯,导致河道来回变动。

因此,位于二级阶梯向三级阶梯过渡处的邙山头一带,就成为华北平原引黄河水的最佳选择。随着人类文明的进步,兴修运河以构建天下水运网络显得日益重要。宋代之前,中国的政治文化中心都在以洛阳为核心的这片区域内,向西至于长安,向东至于今郑州一带。运河的修建自然也应该以此为中心。于是,要想连接东南淮河、长江流域,只能在邙山头以西的黄土高原与华北平原过渡地带开口引水,导水绕过邙山头,流向东南;要想连接海河流域,也要由此引水流向东北。战国到秦汉的鸿沟、隋唐到北宋的大运河,正是这样修建的。

邙山虽然看起来毫不起眼,但成就古往今来郑州地位的恰恰是它。因为处在中国二三级台阶的交界处,既可东向俯视辽阔的平原,又可西向避开水祸,更能由此控制水利,夏商诸朝为控制水患而联合各部落建立的王朝,自然要将都城选在这里。此后的运河也以此为中心成就了这里的繁荣。甚至在20世纪初,京汉铁路修建时也自然而然把跨黄河大桥的桥址选在这里,成就了今天的郑州。现在,南水北调以解京津之干渴,干渠穿黄的地点也同样选在这里。这并非哪个领导拍脑袋的决定,实在是地理所限,不得不如此。

搞清了邙山头的重要位置和历史地位,对黄河就多了份理解,就更能把握中原文化、中华文化的深刻内涵。《黄河飞歌》描写的正是郑州人民建设邙山提灌站并将其建设成为郑州市黄河游览区、郑州黄河风景名胜区、郑州黄河生态旅游风景区的过程。应该说,小吕选择这里书写黄河文化,是找到了一个非常好的载体。

《黄河飞歌》以黄河文化为经,以黄河儿女的创业为纬,对黄河文化的博大精深做了深入的开掘和表达。作品记录了郑州邙山提灌站建设的难忘岁月,描写了几代黄河儿女把一座提灌站建设成为一个举世闻名的风景名胜区的奋斗历程。

《黄河飞歌》通过大量第一手采访素材，真实地描绘了一大批黄河儿女不屈不挠、开拓进取的动人故事。作品以故事说人物，以人物说历史，以历史说文化，既有对历史的回顾，也有对未来的展望。可以说这是一部融人物、故事、历史、文化于一体的作品，故事情节跌宕起伏，人物性格生动鲜明，文化内涵深邃博大，读来会给人非常有益的启示。

《黄河飞歌》的作者署名米仓山居，这是小吕为纪念他“天府之国”的四川老家而起的笔名。20 多年前，作者从川东大巴山脉米仓山南麓的一个小山村出发，坐长途汽车到达川北重镇广元，再乘火车经宝成铁路翻过秦岭山脉到达陕西，又沿陇海铁路来到中原大地求学。从巴山蜀水到黄河之滨，作者完成了人生一个重要的转折。此后，他刻苦学习，博览群书，不断提高自己的学识学养，并开始从事文学创作。近三年来，作者以超乎寻常的毅力，笔耕不辍，终于完成了这部纪实文学作品《黄河飞歌》。

《黄河飞歌》是一部弘扬黄河文化、中原文化、中华文化的力作，满满的都是正能量，可以说是一部弘扬黄河人文精神、讴歌黄河儿女的优秀纪实文学作品。

## 荻玲:悠然见南山

认识荻玲纯属偶然。

2013年底,河南省文学院等单位感动于任爱军同志大爱无私的高尚情怀,决定为其作品《春暖花开》召开一次研讨会。而为研讨会跑前跑后联络协调的就是张荻玲。为这次研讨会,荻玲专门写了一首诗,朗诵后大家都为之感动,感动于她的纯净、热诚、真挚、大爱……这是我对荻玲及其诗歌最初的印象。

会后不久,荻玲送来一沓厚厚的诗稿,希望我为之写个序。我因平时对诗歌关注较少,研究不深,所以就很少写诗歌评论,很少为诗集作序。但有限的接触让我对荻玲做人、做事的认真很是感动,决定为其写些文字。

这本诗集取名《城外有南山》,收录的是诗人多年来关于故乡、关于亲情、关于爱情、关于青春的诗作。今天,城市的喧嚣早已弥漫到了每一寸土地,让人的灵魂没有了可以栖居的处所。而曾经的城外,那个诗人曾生活的地方,有着她刻骨铭心的记忆,有着温暖但在世界其他地方都寻找不到的友情,也有着她最初的爱情,有着母亲在南山砍柴的身影,有着在三月的南山上看桃花灼灼绽放的惊艳时光。如果不是对曾经的生活那么眷恋,那么思念,荻玲大概不会用"城外有南山"来为这本诗集命名。读这本诗集,可以明显感觉到诗人生命里最本真的善良、博爱、纯真,还有着对文学的痴狂、执着。这正是诗人应该具有的品质。

## 青春的迷茫

荻玲写诗的时间很长，据说从小学就开始，一直坚持到现在。凡是热爱文学的人，年轻时大都写过诗，但真正能坚持下来的却为数不多。特别是这些年，许许多多的人经不住物质的诱惑，把写诗看成一件幼稚可笑的事。而荻玲一直忍受着长期的孤单、煎熬坚持了下来，确实非常难得。就这部诗集收录的作品看，作者早期的诗歌创作于 20 世纪 90 年代，虽然数量不多，但让我们看到了刚刚步入诗坛的荻玲，对于诗歌的狂热。这个时期，作者接触社会不多，对人生的认识也存在一定局限，对自己的创作也缺乏明确的定位和方向，只是凭着感觉与阅读的经验恣意表达。

其实，在荻玲初入诗坛的 20 世纪 90 年代，随着市场经济的全面推进，物质化、商品化、世俗化倾向蔓延向全社会，80 年代文学极度繁荣的盛况已经过去，诗歌也无可挽回地被放逐到边缘化的境地。但诗歌这时也真正摆脱了外在的束缚，成为一种真正听从内心召唤的写作。就是在这样的大背景下，河南驻马店出现了一个叫空房子主义的诗歌写作群体。按照其创始人之一杨春光的解释，空房子主义是要“对当代权力话语和现代精神的中心性、威权性、整体性、主观认识性及其客观确定性进行彻底地反拨与解构”。简单来说，空房子主义强调不确定性、解构性。他们以《空房子诗报》为阵地，汇集并影响了一批诗人，生于驻马店、长于驻马店的荻玲就是其中之一。

坦率地讲，空房子主义既标榜不确定性、解构性，鼓吹取消界限，自然不会有统一稳定的创作理念。但它却让一直处于孤单、封闭创作中的荻玲找到了一个可以倾诉的地方，并在其影响下一步步成长起来。就收于集子中的作品来看，她此一时期的作品主要表达的是青春年少的诗人心中的愁苦，包括生活的无奈、爱情的失意、心灵上受到的巨大打击等。比如《借我一点爱》，充满了战栗与疼痛：

借我一点爱借我一点爱好吗
这世界越来越混沌越来越多陷阱
这人间越来越冷漠越来越多残杀
乌鸦在午夜的寒窗上还在嘶叫
花朵吐着猩红的舌头
吞食着人间烟火
情人在隔壁的房间里寻欢作乐
噢　借我一点爱借我一点爱好吗
让我在地震后寻找一块坟地作为
灵魂的安息
让我炙烤的阳光下
寻找一点光明

青春期的痛苦总是与爱情相关，同样在《五月》这首诗歌里，诗人描写了爱情的苦楚：

昨年的隐痛正随着太阳炙热
膨胀
树叶哗啦啦摇摆

一年年把重复的风景
挂在窗前
啊 我的心分明在阵阵哀痛

恋人在远方沉默
把异乡的寒流在午后
袭近房屋
墙上的壁虎在颤抖
抖落在未换水的花瓶里

而在诗歌《啊！生活》里，诗人写道：

曾那样用纤纤素手翻开滋生的梦园
曾那样如痴如醉地歌唱 啊！生活
你给我的不是满怀的鲜花
不是掌声中托起的金杯
如今我那结着茧的手 仍要
扶直额上的荆冠
仍要在千百个悸痛里痴痴地呼唤
理想与爱情
我要在你的泪水里浸泡成丰碑
我要在你的天空里成长为
无与伦比的海燕

青春的磨难、生活的不幸、灵魂的躁动基本是此一时期获玲写作的主调，而空房子主义的影响可能进一步放大了她的迷茫、痛苦、不安，使她的作品语言突兀，意境诡异。但从本质上讲，她虽然与倡导空房子主义的一干人等接近，但对诗歌的内在理解还是有着巨大的差异。而经历青春的迷茫和痛苦，却为她凤凰般的重生做好了准备，她在积极调整，迎接新的生活：

可我没有忘记在大雨后的清晨
让所有的粮食在阳光下
汩汩地喘息
到田里拔疯长的野草
我肉体凡胎呀！不敢拒绝食物的诱惑
只有诗歌和谷子一样的丰收
我才能心平气和地看春夏秋冬
排好秩序
在衣橱里挑选服饰

——《自白书》

## 理性的回归

在经过青春的风暴和悸痛后，在经过生活的巨变和忍耐后，诗人慢慢地回归到正常的生活中。生活在这种按部就班的世俗化正常生活中，诗人的内心其实有着太多的苦涩，但她仍然在追求自己的梦想。写诗，在一个落后的县城里，并不被多数人理解，诗人在他们眼里大多很神经、不正常。应该说，荻玲的回归完全是迫于压力和生计的理性选择而不是精神的追求，因而这样的生活并没有带给她欢乐,她甚至依然对这样的生活感到绝望,好在诗歌成了她灵魂的依靠,给了她活下去的勇气。正是因为有了诗歌,她有了属于自己的一片天地,于是,漫天飞雪的寒冬、暴风骤雨的炎夏、百花烂漫的春天、硕果累累的金秋,在诗人眼里都是最美丽的。在《春天》里,诗人写道:

在那时我的菜地
雨水丰沛
偷吃的麻雀被赶到野外
所有的蔬菜长势良好
并且硕果累累
当黄昏敲着钟声款款而来
我听见满园的果实哀声阵阵

尽管诗歌还有着忧伤,但分明让人感觉到了心灵的宁静,还有希望。

我可以以最快的速度结束一段寂寞
飘浮的槐花在身后追随
夏天流浪的风在裙裾间睁大眼睛
看一个女人怎么吐气如岚
我可以以小牛吃青草的速度品尝
一段相思带来的甜蜜
那些甜蜜被我突然吃出一粒沙子
一粒小小的沙子把我的牙磕得
生疼

——《夜雨中的一些情绪》

生活中难免会有沙子硌痛牙齿，但总会有美好的东西让人感到甜蜜。从《夜雨中的一些情绪》等诗歌中，我们发现诗人终于能够心平气和地与生活对望，不管有什么样的结果，都以一颗平静的心去对待。

直面生存处境，从日常琐屑的现实和自身经验中发现诗意，同时，叙事话语的加强成为诗意表达的重要手段。这固然是世纪之交诗歌写作的新观念，但荻玲自觉这样写诗显然源于她走出青春期之后的成熟和对诗歌认识进一步深入这两个方面。比如诗歌《走亲戚》，这样的特点就更为明显：

舅舅是个好人　他的白发刺疼了的眼
舅舅蹲在墙角不停地抽烟　询问
母亲的安康
舅舅说母亲年少时是那么美丽　怎么一转眼
就变成了老人　并且一年四季
喘个不停

再如《立春》：

阳光在庭院里恣意地倾泻　像一场
情意绵绵的春雨
母亲说立春是个吉祥的日子
这一天要晾晒所有的衣服
那些衣服开着艳丽的花在阳光下

大口地喘息　向我倾吐
陈年的心事
秦琼敬德挥舞着刀枪
庇护着我的日日夜夜
邻家的鞭炮一浪高过一浪地
涌来

从这些诗作中可以发现，诗人已看清生活的面貌，生活里慢慢地有了温暖有了人间气息，开始怀着感恩，为自己也为亲人营造温暖的氛围。《献给梨花的赞美诗》是一首优秀的诗作，整首诗如同一幅意象派画作，在梨花的充分展现与衬托中，让我们重新认识了青春与爱情的崇高美好，诗人内心的饱满情绪，始终是在激昂深情、歌颂赞美之中，沿着“开放的梨花实体”来铺呈的，笔触充实而富含内蕴。

我必须去见证梨树开花的灿烂
我必须在梨花绽放的刹那唱那首
情意绵绵的情歌
我要让梨花知道　几千年来它都是
以诗歌的形式生长在人们的记忆里
穿褐色长裙的女人
在梨树下送别
一曲离歌染湿了双眼
梨花啊！不是所有的人都知道离别的
凄苦
那些诗人从古至今把梨花写成了绝唱

## 宁静的吟唱

读完《城外有南山》这部诗集就会发现,诗人在经过生活的悸痛、挣扎和一阵阵迷茫后,终于走出迷雾,到达彼岸,她安静如斯,终于以一颗平静的心迎接生活。

家门敞开着吗
我的爱人
马儿困了
我开始歌唱
翻开《诗经》里最动人的一句唱给你听:

绿水苍苍白雾茫茫
有位佳人在水一方

诗集中反复有“绿水苍苍,白雾茫茫”这样的意象出现,传达出诗人对理想生活的追求与渴望。灯火、露水、奶奶、村庄,这些在诗中充满梦幻般的咏唱词语,又像是电影中蒙太奇的表现手法,是对过往生活的缱绻,也是在现代化大都市生活的诗人内心理想的生活状态。在诗人营造的纯美甚至瑰丽的意境中穿行,我们会遇到久违的冒着烟的树林、会唱歌的狐狸、岸上的美人鱼、广袤的麦田、二十四节气等。这一个个接连出现的意象,让我们感受到了诗人对尘世万物的感恩,对大自然的眷恋,甚至对身边每一个事物的热爱,那是诗人从心底发出的对生活的赞美。

小雪。多么秀丽的名字
像故乡里扎着长辫子的小妹
穿过围墙跑到河边
她的爱情在大雪的时候就会开花结果
河水清澈　对岸的树木高大
爱人啊！一片片雪花飘落
哪一片才是你为我而落

——《小雪》

同样在《回家过年吧，爷爷奶奶》这首诗歌里，清明和谷雨如"漂亮的丫头"排队登场的意象，新鲜而又贴切，一下子勾起读者对春天的怀恋；奶奶、爷爷、我的等待和桃花的盛开，一下子写尽了农村人春天的喜悦。

过了年就是雨水和惊蛰　清明和谷雨
她们像村庄里漂亮的丫头
排着队在我们的村庄闪亮登场
奶奶端着盆接春天第一滴雨水
爷爷彻夜不眠等待第一声春雷的炸响
我站在柳树下等待第一枝柳叶的吐绿
桃花就在这样的好日子里灼灼地开了
我的亲人
到哪里还能找到这样的好日子

角色的嬗变让一个普通的女子伟大起来。在有了孩子之后，诗人进一步走向成熟，进一步懂得了担当，并在艰辛中体味到了一

种别样的幸福。荻玲为孩子写了很多诗,这些诗句散发着母爱的芬芳与坚韧。在《喜讯》中,诗人含泪写给孩子:

孩子　我只想在今晚在异乡
在只有我们两个人的生日晚宴中大醉一场
在祝福的目光中骄傲地抱起你
向陌生的人们宣布:你是我的宝贝
你是我生命中最灿烂的等待和繁华
那些苍白的岁月被你一一覆盖　一如来时路上的
锦衣夜行
所有的艰辛和孤单只有你
懂得……

在《赴约》中,诗人写道:

宝贝啊!我们从梦中醒来
换上最亮丽的衣衫
一匹高大的骏马驮着我们
路过陌生的炊烟和屋门
又是一年好春光啊　有什么理由不
欢欣鼓舞　有什么理由不祝福
天下太平　五谷丰登

这是一个女子在经历了人生的重挫和打击后,怀着感恩的心、健康的情怀,向幸福发出的深情讴歌。骏马、春光、炊烟、屋门,这一个个象征着美好的意象频频地向人们展示诗人的激动与情不自禁。那种来自生命最初的温暖唤醒了春天,传递出又一个新的生命。

“采菊东篱下,悠然见南山。”陶渊明所描写的这种悠然自得的生活早已成为中国文人内心不变的向往,特别是在被现代化追得找不到去路的时候。荻玲诗歌所表达的这样一种对生活的感恩和歌唱,对宁静与淡泊的向往,今天读来自有“真意”在,自然值得重视与珍惜。

今天,每个人的脚步都是那样匆匆,甚至没时间抬起头来看一看身边的风景,更遑论悠然见南山了。如果能停下脚步,品味生活的美好,悠然抬头,也许南山就在眼前,那是可以让灵魂安宁的地方。

那一年,我年少,南山啊
我跑遍了你的山头歌唱
唱着唱着就唱到了异乡
唱着唱着就把青春唱到了梦里
一轮明月,为青春打点离别的行囊……

——《重逢南山》